AI × BRANDING with ChatGPT

ChatGPTと描くブランドの設計図

生成AIをチームメンバーに迎える
ブランディングのステップとは？

一般財団法人
ブランド・マネージャー認定協会
Association for the Certification of Brand Managers Japan

はじめに

　本書を手にしているあなたは、もしかして、ビジネスの局面において以下のような課題を抱えているのではないでしょうか。

- 自社の商品・サービスに魅力を付けたいが、どうすればよいかわからない
- 売上が低迷しており新しい施策が必要だと感じているが、具体的にどう手を打てばよいかわからない
- 自社の商品・サービスを今より一段上のステージにアップグレードしたいが、そのための施策がわからない

　そして、その課題を解決するには「ブランド」の構築であったり、「ブランディング」という作業が重要なカギを握っていると薄々感じているのではないでしょうか。

　さらにもう一歩踏み込んで言わせていただけば、そのブランディングという作業に対して「難しそう」「大変そう」「そもそもそこに割ける人手がない」といったハードルの高さを感じていて、でも完全には諦め切れなくて、「なんとかならないかな……」とモヤモヤした気持ちを今まさに抱えているのではないでしょうか。

　この本はまさに、そういうあなたのためにあるものです。

　私たち「一般財団法人 ブランド・マネージャー認定協会」は会社の規模に関係なく、どんな業種でもブランドを構築できる確かなメソッドを持っています。特に中小企業内で従業員が協力しながらブランドを構築していく「チームブランディング」という手法には強い自信を持っています。

　今回はその「チーム」に頼もしい助っ人が加わりました。

近年爆発的な発展を遂げている生成AI「ChatGPT」です。私たちの抱える知見とこの最新技術が融合されれば、きっと素晴らしい相乗効果が見込めるはずです。

つまりこの本は、あなたのチームに冷静かつ優秀なパートナーとしてChatGPTを迎えることで、人手不足や膨大な情報処理といった問題点をクリアし、最新型の「チームブランディング」を実践しようというものなのです。

実際、ブランドを構築する作業とChatGPTの相性は非常に良好です。ブランド構築にChatGPTを活用することで、以下のようなメリットが期待できます。

●時間と労力の大幅な削減
●創造的なアイデアと解決策の提示
●グローバル市場への応用
●ストーリーテリングとコミュニケーションの強化

ChatGPTはブランディングという作業を飛躍的に効率化し、その内容を高度化してくれる革命的なツールです。ChatGPTの登場により、私たちはより短時間で、より簡単に、より緻密に、より包括的に、より創造的に、ブランドを構築することが可能になりました。

この本ではChatGPTをパートナーにチームブランディングを行う過程を、具体例を用いながら、ステップごとに丁寧に解説していきます。

◆

ここで改めて私たち「一般財団法人 ブランド・マネージャー認定協会」とチームブランディングについて説明したいと思います。

私がブランド戦略を企業の付加価値向上に欠かせない手段と認識しはじめたのは1990年代後半頃のことです。当時、ブランドというものは中小企

業にとって縁遠い存在と見なされていました。

　しかし、私はその現実に疑問を持っていました。多くの書籍や講座は大企業の成功例に偏っており、中小企業への応用は難しいと感じていました。また、成功例の再現性も不確かでした。私はこの問題意識を背景に、ブランディングを体系化し、その構築について教えられる組織を立ち上げる構想を持つようになりました。

　それから10年近く経った2007年、私はブランディングに対する中小企業のニーズを確かめるために、毎月セミナーを開催することにしました。セミナーは想像以上の関心を集め、ブランディングの必要性を更に強く実感しました。

　そこで2008年、当時中央大学大学院に在籍されていた田中洋教授らの協力を得て、標準化したカリキュラムと、ブランド・マネージャーおよびトレーナーの育成システムを構築しました。これが後に一般財団法人ブランド・マネージャー認定協会へと発展する母体となります。

　協会設立以来、多くの受講生がブランディングを学習、実践し、その成果をシンポジウムや勉強会で発表するようになりました。設立前に直面していた再現性の問題も、気付けば解決されていました。「中小企業でも使えるブランディング設計書」が必要だという問題は、協会のアドバンスコース（1級資格取得講座）で提供している「ブランド・ステートメント」の改良を重ねることで対応し、誰もがトレーニングを積み、誰もがブランディングを行える状況を作り出しました。

　かつてブランディングは、主にコンサルタントや広告代理店によって外部から導入されるものでした。しかし、2010年代に入ると中小企業を中心に、社内のスタッフと共同でブランディングを実践するケースが増えてきました。

　この現象について深く理解しようと、協会では研究会を発足させました。ブランディングの核となるのは「ブランド・アイデンティティ」です。これは「自社のブランドを消費者や顧客にどのように捉えてほしいか」を明

確にし、一貫性を持って継続的に発信することを意味します。

　私たちは、このブランド・アイデンティティをチームで構築する手法を「チームブランディング」と命名しました。このアプローチでは、スタッフは単に答えを受け取る存在ではなく、グループワークを通じて自ら考え、意見を交換することが重視されます。グループワークに参加することで、スタッフは「自分ごと」としてブランド・アイデンティティに即した行動を取るようになり、それは人材育成とチームの成長にもつながります。実際にこのアプローチを採用している企業では社員がいきいきと働いており、経営への参画意識が高まっています。

　これは特に経営資源が限られている中小企業にとって有効な手法であり、社員一人一人が真剣に取り組むうえで必要なプロセスです。協会は「チームブランディング」を商標登録し、その定義を以下のように定めました。

チームブランディング®の定義

ブランド構築に関わる活動を各プロジェクトメンバーが担い、信頼関係の構築と経営目標の達成を目指す小集団でのアイデンティティ構築手法

　2015年、多くの人が関与するチームブランディングとはどういうもので、どうすれば構築でき、どんな成果を得られるのかを、実際の事例を交えながら解説した書籍『社員をホンキにさせるブランド構築法』（同文舘出版）を出版しました。

　その後、チームブランディングの実践者が更に増えたこともあり、実践者の協力の下で後半の事例部分を全面改訂し、2022年に『［新版］社員をホンキにさせるブランド構築法』（同文舘出版）として出版しました。

　このように、チームブランディングのプロセスは経営的にも大きなインパクトがあり、多くの方が実際にこのブランド・ステートメントに情熱を注ぎ、多くの時間をかけて作成されていることでしょう。

　そこで私たちは生成AIの得意な領域、つまり「大量の情報から必要な部

分のみを収集」し「対話を行いながら精度を上げる」という点に注目し、ブランド・ステートメントの作成をChatGPTを活用して行うことで、より効率良く、より精度の高いものにできないかと思うようになりました。

　VUCAと呼ばれる、不確実で将来の予測が難しく、市場の変化スピードの速い現代において、その変化に対応するために、新しいブランドを開発・投入したり、ブランドを見直すことは必要不可欠な行為です。ただし、データの分析、見直しを頻繁に行うことは時間もコストもかかります。それが、ChatGPTの登場により、効率的に行うことが可能になったのです。生成AIはデータ分析やクリエイティブ作業は強化しますが、戦略的意思決定や感情の理解など、人間特有の能力が必要なものに関しては、引き続き人が行わなければなりません。決して生成AIが万能ではないことを理解して、その長所をうまく活用することが重要です。

　本書では、このような注意点を踏まえながら、ブランディングという航海の旅に出発します。旅は平坦な時期ばかりではありませんが、ChatGPTというチームメンバーを伴うことで、データ分析、情報収集、コンテンツ作成を効率的に行うことができ、チームの生産性と創造性を向上できます。ChatGPTをこの航海のメンバーにすることで、きっと困難なステップも創造性豊かで楽しいものになることでしょう。

　特にChatGPTは旅の中で次のような役割を担ってくれるはずです。

●データ分析の支援船員
　分析のフレームワークを活用して、洞察を提供し分析を支援する
●情報収集の探検家
　市場の最新動向や競合の動きを素早くキャッチし、まとめる
●コンテンツ作成の助手
　マーケティング資料や報告書、プレゼンテーションの素案を手際よく作成し、校正を行う

　ChatGPTの参画は航海を効率的かつ効果的にするための風を吹かせます。情報の迅速な収集、データ分析のスピードアップ、ドキュメント作成

の自動化など、数多くのメリットがあります。チームの生産性、創造性、戦略的意思決定が大幅に向上することで、ブランド構築の旅はよりダイナミックなものになるはずです。

　これらのメリットを踏まえると、ChatGPTをチームに取り入れることはブランディングの未来への大きな一歩だと言えます。再現性と実績のある協会のメソッドに則って生成AIを活用するこの革新的な方法は、全体的な成果を著しく向上させ、あなたを新たな発見へと導くことでしょう。

　さあ、新しいブランディングの時代へ、一緒に歩み出しましょう。

一般財団法人ブランド・マネージャー認定協会

代表理事　岩本 俊幸

※チームブランディングは、一般財団法人ブランド・マネージャー認定協会の登録商標です。（登録第5469509号）

CONTENTS

準備編

1 PART
2 PART
3 PART

実践編

1 STEP
2 STEP
3 STEP
4 STEP
5 STEP

ChatGPT Prompt Engineering Column
プロンプトエンジニアリング コラム

実践編

準備編

1 PART

2 PART

3 PART

実践編

1 STEP

2 STEP

3 STEP

4 STEP

5 STEP

準備編

1 PART

2 PART

3 PART

実践編

1 STEP

2 STEP

3 STEP

4 STEP

5 STEP

準備編
・・・・・・・・・・
PART

1

ブランドの基本と
その構築法

　ChatGPTを活用したブランディングについてお伝えする前に、まずブランドとは何か、ブランディングとは何かということについて基本的な知識を学んでいきましょう。

　すでにブランディングの基礎について理解できている方や、一般財団法人ブランド・マネージャー認定協会（以降、当協会）のブランド構築法を学んだことがあるという方もおさらいのつもりで改めてご一読いただけるとうれしいです。

ブランドとは

　「ブランド」という言葉は今や日常会話からビジネスの現場まで広範に用いられており、「ブランドとは何か？」という問いに対する答えは様々です。

　ただ、当協会では、ブランドとは「ある特定の商品・サービスが消費者・顧客によって識別されている時、その商品・サービスをブランドと呼ぶ」と定義づけています。これは有名／無名、品質が高い／低いに関わらず、消費者・顧客がある商品・サービスを「特定のものとして識別できる」ことがブランドの最低要件だと示しています。本書では、わかりやすく商品・サービスと述べますが、企業や事業、製品、人や地域もブランドの対象となります。

　たとえばZ世代に人気の写真共有アプリAがあるとします。アプリ名を聞いたり、ロゴを見たりしてアプリAを思い起こせる人にとって、アプリAはブランドといえます。しかし、名前を知らない人、思い起こせない人にとってはブランドではありません。

[図：ブランドの定義]

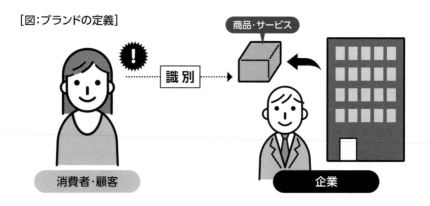

準備編

1 PART

2 PART

3 PART

実践編

1 STEP

2 STEP

3 STEP

4 STEP

5 STEP

　ブランドは単に識別されるだけでなく、消費者・顧客の購買行動に影響を及ぼす力を持っています。これに関連して、当協会ではブランドの状態を示す概念として「ブランドゼロ」「ブランドプラス」「ブランドマイナス」という3つのカテゴリーを想定しています。

●**ブランドゼロ**…商品・サービスを市場にリリースしたばかり、あるいは一部でしか流通してないなどの理由で、消費者・顧客が識別できていない状態。
●**ブランドプラス**…消費者・顧客によって認知され、「好き」「欲しい」など肯定的な評価を得ている状態。
　たとえば人気お笑い芸人Bは好感度ランキング1位を何度も獲得していて、様々な広告媒体でキャラクターとして活躍しています。これはブランドプラスにあたります。
●**ブランドマイナス**…消費者・顧客から「嫌い」「欲しくない」など否定的な評価を受け、購買のネガティブな理由になる状態。
　たとえば全国的に展開している飲食チェーンCのある店舗で、衛生管理上の問題が発覚したとします。結果、当該店舗だけでなく全店舗の来客数が減少してしまいました。また、ある衣料品ブランドDが売れ残った商品を大量に焼却処分していることが報道され、それによる不買運動が起こりました。こうした状態はブランドマイナスに相当します。

　このように価格の高低や商品の品質だけでなく、その商品・サービスが消費者・顧客にとって何を意味し、どのような価値を提供すると理解されているかが「ブランドの価値」となります。

[図:ブランドの状態]

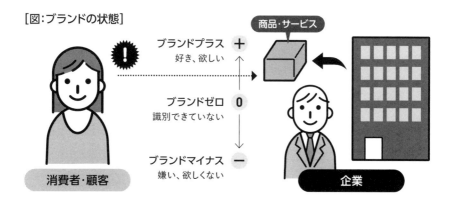

　ブランドは一夜にして形成されるものではありません。消費者・顧客との
コミュニケーションを通して時間をかけて築かれるものです。

　そのプロセスにおいて、ブランドの管理者（以下「ブランド・マネージャー」）
はブランドゼロからブランドプラスの状態に成長させ、ブランドマイナスに
陥らないよう一貫して責任を負うことになります。ここに一貫性がなければ
消費者・顧客のブランドに対する理解は損なわれ、ブランドの力は失われて
いきます。自社の商品・サービスを上質で安全なものと思わせるような情報
発信をしても、実態が伴わないと、かえってブランドの価値を毀損すること
になります。

　たとえば、温泉旅館Eは予約サイトや自社のWEBサイトに、非常にキレ
イな客室と豪華な食事の写真を掲載していました。しかし実際は設備も古く、
食事も一般的なコースはそれほど豪華なわけではありません。結果、口コミに
よって多くのマイナス評価を受けるようになり、客足は遠のいてしまいました。

　以上のことから、ブランドとは消費者・顧客が特定の商品・サービスを識
別し、評価する枠組みであると理解できます。ブランドは消費者・顧客の購
買行動に影響を及ぼす力を持っており、その形成や管理は一貫性のある情報
発信と、それに基づいた消費者・顧客とのコミュニケーションによって成し
遂げられるものなのです。

ブランディングとは

　「ブランド」については理解できたと思いますが、では「ブランディング」
とはなんでしょう？

　特定の商品・サービスを「識別できる」かどうかがブランドのカギである
ならば、単純に考えてブランディングとは、消費者・顧客に特定の商品・サー
ビスを「識別させる」行為だといえます。つまり商品・サービスの中身や価
値を消費者・顧客に理解してもらい、他と差別化するプロセスです。「このブ
ランドは何であるか？」を体現し続ける活動こそブランディングだといえる
でしょう。

　ブランディングのプロセスを理解するには、「ブランド・イメージ」および
「ブランド・アイデンティティ」という2つの言葉が重要となります。

準備編

1 PART

2 PART

3 PART

実践編

1 STEP

2 STEP

3 STEP

4 STEP

5 STEP

「ブランド・イメージ」とは消費者・顧客が商品・サービスを認識し、感じ取ったイメージのことで、個々の消費者・顧客の心の中に存在します。つまり消費者・顧客側が企業に対して「こう思う」と感じているイメージがブランド・イメージです。

一方、「ブランド・アイデンティティ」は企業が商品・サービスを通じて提案したい価値、ブランドが何であるかを表現した価値です。こちらは企業側が消費者・顧客に「こう思われたい」と規定したブランドの「旗印」となるものです。

企業が商品・サービスを通じて提供するブランド・アイデンティティと、消費者・顧客が心の中に抱くブランド・イメージとが合致した場合、そのブランドは消費者・顧客の心に強く訴えます。この両者の概念を一致させるプロセスこそブランディングであり、この活動を通じてブランドの価値は構築・伝達され、消費者・顧客に受け入れられていきます。

実際には、企業は商品・サービスに対してブランド要素（ブランド名やロゴなど）を含むブランド体験を利用して特定のイメージを創出します。その商品・サービスがどのようなものであるか、何ができるのかを消費者・顧客に向けてアピールします。企業はブランド体験によって消費者・顧客の心の中に特定のイメージを植え付けることが可能であり、私たちはブランド・アイデンティティの明確化や、ブランドが持つ意味や価値を消費者・顧客に伝えるところまで含めてブランディングと呼んでいます。

[図:ブランドの体系]

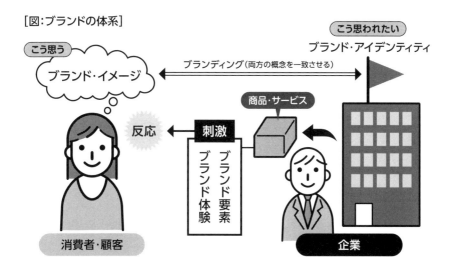

　ブランディングを進めるにあたり、その中心的役割を担うのがブランド・マネージャーです。ブランド・マネージャーは経営戦略に基づき企業と消費者・顧客のコミュニケーションであるブランディングの全体像を把握し、ブランド要素とブランド体験を設計し、それらを正しく運用管理します。

　ブランディングは商品・サービスの宣伝やプロモーションを行うだけでなく、ブランドの独自性と価値を伝え、消費者・顧客の心の中にブランド・イメージを構築・維持する活動です。ブランディングを行った結果、商品・サービスは消費者・顧客に認知されるだけでなく、それによってもたらす価値が認識され、選ばれ続けるブランドとなるのです。

ブランド・ステートメントとは

　「ブランド・ステートメント」とは、「自分たちのブランドは誰に対して、どのような価値を提供することで社会的役割を果たしていくのか？」という本質について網羅的に記したものです。

　具体的には下記に示す内容で構成されます。

- ブランディングの目的
- 環境分析
- ペルソナ
- 差別化・独自性のポジショニング
- ブランド・アイデンティティ
- ブランド・プロミス
- ブランド・パーソナリティ
- 4P／4C
- ブランド要素／ブランド体験
- 推奨規定／禁止規定
- 目標設定と行動計画

　なお、各項目の詳細については、次項「ブランド構築の流れ」でお伝えします。

　ブランド・ステートメントは企業の価値観や思想、ミッションを体現し、企業の行動と意思決定の基準となります。これは企業と社員の間で共有されるべき価値観や理念を表現したもので、ブランドの本質を理解し、それに基づいた行動を導くための指針になります。

準備編

1 PART

2 PART

3 PART

実践編

1 STEP

2 STEP

3 STEP

4 STEP

5 STEP

ブランド・ステートメントは社員の一貫した行動や企業の一貫性を実現するうえで非常に役立つものです。ブランド・ステートメントを通してブランドの本質とその方向性が明示されることで、企業としての行動指針は明確になります。

ブランド・ステートメントは消費者・顧客との関係性強化のカギも握っています。ブランド・ステートメントを通じて社員はブランドの本質を理解し、その理念に基づいて消費者・顧客に価値を提供することでブランディングは実現します。

社員がブランド・ステートメントに則って行動することで、消費者・顧客はそのブランドが持つ価値と存在意義を実感できます。これは消費者・顧客とブランドが信頼関係を築くための重要なステップで、結果としてブランドの浸透と価値の伝達を推進します。

さらに、ブランド・ステートメントはブランド・マネージメントの起点となります。ブランド・ステートメントに書かれた精神に基づいて様々なブランド活動を展開することで、ブランドの成長と発展が図られていきます。

ブランド・ステートメントは企業全体で価値を共有し、一貫性を保つための大事なツールです。その重要性と価値は極めて大きいといえるでしょう。

ブランド構築の流れ

ブランドを確立するためのプロセスをブランド構築といいます。このプロセスを当協会では「ブランド構築ステップ」として体系化しています。ブランド構築ステップは、ブランドの独自性の抽出や消費者・顧客のマインドシェア獲得を統合したもので、企業規模を問わず利用可能なものです。

ブランド構築は基本的に経営目的を達成するための活動で、企業が抱えている経営課題を解決するものです。そのため、まずはブランド構築に取り組む前に、今回の活動で達成すべき目的と解決すべき課題を明確にすることが必要です。

ブランド構築ステップは8段階で構成されています。それぞれの段階を経

ることでブランドの独自性を見つけ出し、その後、消費者・顧客に浸透させるための戦術を立案します。

ブランド構築ステップの8段階は大きく2つに分けられます。

STEP 1〜STEP 5は「ブランド・アイデンティティ形成ステージ」です。マクロ、ミクロそれぞれの視点から環境分析を行い、ターゲット設定、独自性の発見などを経て、最終的にブランド・アイデンティティを作成します。ここでは誰に何を伝えるかという「戦略」の部分を練っていきます。

STEP 6〜STEP 8は「目標設定ステージ」です。STEP 5までの過程で構築した戦略の整理、消費者・顧客のブランド体験の設計、社員の行動規定の作成、具体的な目標や行動計画などを設定します。ここはどのようにブランド・アイデンティティを伝えていくかという「戦術」を設計するフェーズになります。

当協会が策定したブランド構築ステップは戦略的な視点から具体的な行動計画までを総合的に網羅しており、ブランド構築の途中でも、疑問点が出たり間違いに気付いたりすれば、前のステップに戻って再検討することが可能です。

ブランド構築を進める際は、ブランド構築ステップが基本的な「型」であ

[図:ブランド構築ステップ]

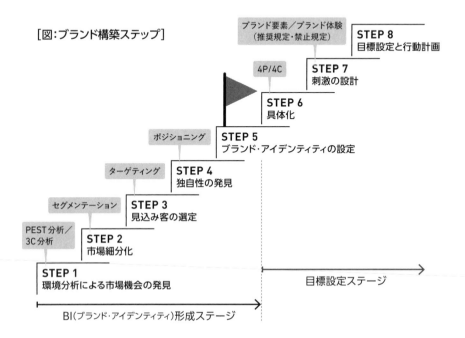

準備編

1 PART
2 PART
3 PART

実践編

1 STEP
2 STEP
3 STEP
4 STEP
5 STEP

ることをよく理解して、各ステップを確実に実行していきましょう。また、ブランドの構築は一回で完成するものではなく、各ステップの間を何度も行き来しながらブラッシュアップしていく必要があります。

こうしたステップを踏んで最終的にブランド・ステートメントが完成しますが、それは決してゴールではありません。次はそれを用いて消費者・顧客とコミュニケーションを図る新たなスタート地点に立ったことを意味します。

なお本書では、ブランド構築の核となるSTEP 1〜STEP 5までのブランド・アイデンティティ形成ステージを扱います。STEP 6以降は実行フェーズとなり、取り扱うブランドによって生成AIへの指示もかなり異なるため、本書では比較的共通した生成AIへの指示を用いて実践することができるSTEP 1〜5までを解説します。

ブランディングの目的とアンゾフの成長マトリクス

企業はブランド構築を行うことで顧客に求められる存在として他社と差異化を図り、価格競争から脱却し、中長期的に経営を安定させることができます。

したがって、ブランド構築を行う前に、「自分たちはなぜ今ブランディングに取り組むべきなのか?」「現在どのような課題があるのか?」「ブランディングによってどのような課題を解決するのか?」といった、ブランディングの目的を明確にすることが重要になります。

ブランディングの目的を明確にしたら、次はその目的が企業の総合的な戦略の中でどのような成長の方向性を示しているか理解することが必要です。その際によく用いられるのが「アンゾフの成長マトリクス」です。

アンゾフの成長マトリクスは「企業戦略の父」とも言われるイゴール・アンゾフが作成したフレームワークで、自社の強みと事業戦略の相乗効果を重視します。マトリクスは既存の製品/新製品、既存の市場/新市場の組み合わせによって4つの成長戦略(市場浸透戦略・市場開拓戦略・製品開発戦略・多角化戦略)に分けられます。

　ブランディングの目的と企業の全体戦略をマトリクス上で整理すると、ブランディングがどの方向に進むべきかという指針が得られます。これは企業がどの戦略を選択し、どのようにブランドを育成し、どうやって成長させるかを決定する重要なツールになります。

　次項からはブランド構築ステップの8段階を具体的に説明していきます。

アンゾフの成長マトリクス

		製品・サービス	
		既存	新規
市場 （顧客）	既存	市場浸透戦略 [既存市場] [既存製品・サービス]	製品開発戦略 [既存市場] [新規製品・サービス]
	新規	市場開拓戦略 [新規市場] [既存製品・サービス]	多角化戦略 [新規市場] [新規製品・サービス]

ブランド構築 STEP 1 ｜ 環境分析による市場機会の発見

　「環境分析」とはブランド構築の基礎となる重要なプロセスです。自社を取り巻くビジネス環境を深く理解し、自社事業が発展するための「市場機会」を発見します。環境分析は「マクロ環境分析」と「ミクロ環境分析」の2つの視点で行います。

　マクロ環境の分析は企業が直接コントロールできない外部要素を評価します。

　ここで最も一般的に使用されるツールは「PEST分析」です。PEST分析は「政治的環境要因（Political）」「経済的環境要因（Economic）」「社会的環境要因（Social）」「技術的環境要因（Technological）」という4つの観点から環境を分析します。各カテゴリーの中で自社にとってのプラス／マイナス要因を整理し、その影響度を評価します。

　企業はこの分析を通して、自社のビジネスに影響を与える可能性のある社会全体の大きな流れや業界特有の変化を捉えることができます。

PEST分析

政治
Political

・法律改正
・政権交代
・外交
など

経済
Economic

・景気動向
・インフレ／デフレ
・GNP成長率
・金融指標
など

社会
Social

・人口変動
・文化の変遷
・教育
・犯罪
など

技術
Technological

・新技術の完成
・新技術への投資
・グローバル系
・M&A
など

※マクロ変動要因である外部環境を分析する。

準備編
1 PART
2 PART
3 PART
実践編
1 STEP
2 STEP
3 STEP
4 STEP
5 STEP

　一方、ミクロ環境分析は企業本体とその直接的な競争環境を対象に調査します。

　この分析には通常「3C分析」と「クロスSWOT分析」が使用されます。

　3C分析は自社の強みを生かして競合との差別化を図るツールです。「競合（Competitor）」「顧客（Customer）」「自社（Company）」の3つの要素に焦点を当てるため、3C分析と呼ばれています。

3C分析

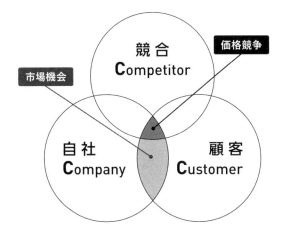

競合
Competitor

価格競争

市場機会

自社
Company

顧客
Customer

　企業はこの分析を通じて自社の強みと弱み、競合の強みと弱み、そして消費者・顧客のニーズと欲求を探ります。特に重要なのは顧客のニーズと自社の強みがマッチし、さらに競合が参入できない領域——すなわち市場機会を見つけることです。

　ミクロ環境の分析のもうひとつのツールであるクロスSWOT分析は、「組織が持つ「強み（Strengths）」「弱み（Weaknesses）」外的環境にある「機会（Opportunities)」「脅威（Threats）」を評価し、戦略策定に役立てるものです。
　企業はこの分析を活用することで、内部環境と外部環境の要素を掛け合わせて「どんな市場であれば自社の独自性を発揮できるか」という市場機会に関する仮説を導き出します。

クロスSWOT分析

		内部環境	
		強み **S**trengths	弱み **W**eaknesses
外部環境	機会 **O**pportunities	強み × 機会 [積極攻勢]	弱み × 機会 [弱点強化]
	脅威 **T**hreats	強み × 脅威 [差別化]	弱み × 脅威 [防衛・撤退]

　これらの分析ツールを適切に組み合わせて使用することで、企業は競争力のある戦略を策定し、成功に向けて進むことができるでしょう。

ブランド構築
STEP 2 市場細分化（セグメンテーション）

　STEP 2「市場細分化（セグメンテーション)」は誰に対して、どのような価値を提供するのかを明確にするステップです。その目的はすべての消費者・顧客の中から、自社の商品・サービスを買ってくれる「見込み」がある層を抽出し、細分化することにあります。これは次のステップの「ターゲティング」の準備でもあります。

セグメンテーション

市場 → セグメンテーション

準備編

1 PART

2 PART

3 PART

実践編

1 STEP

2 STEP

3 STEP

4 STEP

5 STEP

セグメンテーションのポイントは、自社の商品・サービスが置かれた市場を、消費者・顧客の視点から複数のテーマで細分化することです。そのためには年齢・性別・居住地・職業・収入……など多様な基準を設けて検討することが必要です。

セグメンテーション段階での目的は市場を「分けること」であり、決して「選ぶこと」ではありません。両者を同時に行おうとすると期待や先入観、思い込みが入り込み、正確な分析ができなくなるおそれがあります。ここでは「分けること」のみに集中し、ターゲティングは後のステップに任せましょう。

当協会ではセグメンテーションを「基本セグメント」と「固有セグメント」の2つに大別しています。

基本セグメントとは、どんな商品・サービスのブランド構築を行う場合でも関連してくる普遍的なカテゴリーです。具体的な例としては年齢・性別・職業・居住地域・家族構成・年収・趣味・情報収集の方法……などが挙げられます。

一方、固有セグメントとは、ブランド構築の対象となる商品・サービスのみに適用可能な固有のカテゴリーを指します。たとえば飲食店の場合なら「1ヶ月当たりの食費」や「外食の頻度」、作業靴の事業なら「購入用途」や「作業靴選びのポイント」など、特定の商品・サービスに直接関連するテーマが含まれます。

市場細分化（セグメンテーション）は基本セグメントと固有セグメント、それぞれの面で各カテゴリーの観点から市場を分割する作業です。この作業を通じて自社の商品・サービスがどの市場で収益を期待できるかを明確にし、次のステップであるターゲティングに進みます。

ブランド構築
STEP
3

見込み客の選定（ターゲティング）

　ターゲティングはセグメンテーションによって細分化された市場の中から、自社の商品・サービスを最も高く評価してくれる見込み客を選定するプロセスです。

　ターゲティングでは既存の顧客と未来の見込み客を区別します。これらの中には現在競合他社の商品・サービスを使っている人や、現在はそのカテゴリーに興味を持っていない人なども含まれます。適切な見込み客を見定めることで、自社のビジネスを飛躍的に伸ばすことが可能です。

　ターゲティングにおける重要なステップは「ペルソナ」の作成です。

　ペルソナとは、詳細な設定を施した架空の顧客像のことです。ターゲティングを行う中で見込み客がどんな人なのかの理解を深めるため、架空の人物像を具体化していく作業を行います。ペルソナを作成するには名前・年齢・性別・職業・家族構成・居住地域・性格・趣味・価値観……などを含むプロフィールの詳細が必要になります。

　企業側は、ペルソナを具体化することで、どんな価値提案が必要か、ブランドのメッセージをどの場面で、どのように伝えればいいのかを明確に理解します。それはブランド戦略に一貫性を持たせることにつながります。

　ペルソナをブランド構築に携わる全員が共有することで、次のステップ以降の取り組みが容易になるでしょう。

ブランド構築
STEP
4

独自性の発見（ポジショニング）

　このステップは商品・サービスの立ち位置を特定するためのプロセスです。競合との比較を通して自社独自の価値を見出し、ペルソナ（ターゲット顧客）の心の中で優位な位置を築いていきます。ポジショニングの核心にあるのは独自性の明確化で、その手段としてポジショニングマップを活用します。

ポジショニングマップは以下の6つの切り口で作成します。

準備編

1 PART
2 PART
3 PART

実践編

1 STEP
2 STEP
3 STEP
4 STEP
5 STEP

1. 機能的価値
2. 情緒的価値
3. 社会的価値
4. 顧客の属性
5. 消費・利用状況
6. 購買・契約状況

　これらの視点から、自社と競合がどこで差異化できるかを具体的に見つけ、ペルソナの視点に合わせてポジショニングを行います。

　ポジショニングマップを作る際は、連想マップで抽出したキーワードや対立する概念（例：「高い－安い」「ウォーム－クール」）を用い、商品・サービスがペルソナの心のどこに位置するか判断します。反対語を探して対立軸を作ると、ポジショニングが容易に行えます。

　ポジショニングマップを作成したら、それを活用しましょう。マップ上に自社（下図：★）と競合（下図：Ⓐ Ⓑ）の立ち位置を書き込み、自社が独自性を発揮できるポジションを探します。このポジショニングの過程で言語化された内容は、次のステップで説明する「ブランド・アイデンティティ」につながります。この段階では料金や機能、感情など多岐にわたる項目に具体性を与え、それらをうまく融合させて自社の特異性や個性を表現します。

　ポジショニングマップの作成による独自性の発見というステップは、商品・サービスの提供価値を明確化し、消費者・顧客との関係を強化するのに欠かせません。それは結果的に強固なブランドの構築へとつながります。

ポジショニングマップ

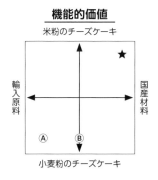

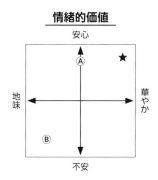

ブランド構築 STEP 5 ブランド・アイデンティティの設定

　ブランド・アイデンティティは企業・商品・サービスの「旗印」であり、これを明確にすることは自社の存在を消費者・顧客に理解してもらうために不可欠です。言い換えればブランド・アイデンティティは「自社は顧客ターゲット（ペルソナ）にどう想起されたいか」を表す言葉であり、自社ブランドがどういう立ち位置にいるかを示します。ここでの表現は奇をてらったキャッチコピーではなく、消費者・顧客（ペルソナ）が好意的に受け取り、社員が消費者・顧客に対してどのように振る舞うべきかを具体的に示すものでなければなりません。

　ブランド・アイデンティティを抽出する作業は、まずポジショニングマップから自社の独自性を最も強く表す要素を選び出すことから始まります。要素を選ぶ時は、競合他社との違いが明確で、自社の特色や独自の価値を最大限に引き出せるものをチョイスするべきです。

　次に以下の4つの質問に答えます。

- ●「消費者・顧客は誰か？」
- ●「消費者・顧客に何を期待されているか？」
- ●「競合他社より優れた能力は何か？」
- ●「自分たちが提供したい価値は何か？」

　これらの質問は自社のブランドが何を追求しているのか、そしてそれが消費者・顧客にどのように受け取られるのかを理解するために必要です。

　これらの質問に対する答えとポジショニングマップを基に、「私たちは消費者・顧客にこう思われたい」という具体的な文章を作成していきます。その内容は期待と能力と意志を組み合わせたものになります。

　その後、作成した文章を精査し、語呂が良く、誰が聞いても分かりやすい表現に整える工程を経て、最終的にブランド・アイデンティティが完成します。この段階で、完成した言葉が企業の本質（経営理念）とつながっているかどうか確認しましょう。

準備編

1 PART

2 PART

3 PART

実践編

1 STEP

2 STEP

3 STEP

4 STEP

5 STEP

　完成したブランド・アイデンティティは企業が自分たちの特徴を明確に打ち出し、ブランドの優位性・唯一性、そして消費者・顧客が受け取る価値を具体的に表現したものになります。

　消費者・顧客はブランドに触れるとき、つまりブランド要素を含むブランド体験から何かしらのイメージを連想します。その連想の体系全体がブランド・イメージになります。

　ブランド・アイデンティティは、企業がどのようなブランド・イメージを訴求していきたいかを具体的に表現したものでもあります。そのため、ブランド・アイデンティティは企業の成長エンジンにもなり得る存在です。

　強力なブランド・アイデンティティを確立することは、企業が市場で独自の地位を築き、競争優位性を保持するために欠かせません。強力なブランド・アイデンティティを手にすることで企業が得られる価値は計り知れません。

　そのブランド・アイデンティティを現実的に捉え、消費者・顧客に対して約束することを「ブランド・プロミス」と言います。ここでいう約束は、そのブランドが保証していると消費者・顧客が期待する品質・機能・価値などに関する約束です。

　ブランド・プロミスを設定することには次のようなメリットがあります。

　まず社員や関係者の行動規範が明確になり、ブランドが消費者・顧客に提供する約束・保証の内容がはっきりします。たとえば、あるチーズケーキショップのブランド・プロミスとしては「安心できる原材料を使用し、ヘルシーなチーズケーキを提供すること」「特別な体験や感動を提供すること」、そして「健康と福祉、持続可能な社会の実現に貢献すること」などが想定されます。

　さらに、ブランド・プロミスは企業のコンプライアンス（法令遵守、公平性・公正性）と密接に結びついています。企業が消費者・顧客との約束を破ることは、ブランド・イメージを失墜させるだけでなく、企業の経営自体を脅かします。

　したがってブランド・プロミスは一度作って終了ではなく、継続的にその約束を守っていくことが必要です。ブランドとして約束することは実現可能であることが大前提で、できない約束は決してしてはいけません。

　さらに、ブランド・アイデンティティを人間に例えて表現したものに「ブ

ランド・パーソナリティ」があります。関係者の間でブランドのイメージを共有するため、ブランドが持つ性格や人間的な感情をわかりやすく擬人化して表現したものです。たとえば、上記のチーズケーキショップのブランド・パーソナリティは「思いやりが深く、自身と他人の健康と心の平和を大切にし、自然とのつながりを感じることを愛し、新しいことへの挑戦を楽しむ女性」――といった具合です。

ブランド・パーソナリティに関しては、消費者・顧客はブランドを購入したり使用したりすることで、消費者・顧客自身とブランドのキャラクターを重ね合わせることができます。つまり、ブランドは消費者・顧客が自分の所属する集団を決定する役割を果たすのです。

ブランドがこの役割を果たすには、ブランド自身のキャラクターが明確で、競合と差別化されていなければいけません。それにはSTEP 3のターゲティングで説明したペルソナ作成のテクニックを応用して、自社のブランドの望ましい姿＝ブランド・パーソナリティを設定し、メンバー同士で共有しておくことが必要でしょう。

以上、ブランドづくりの核となるブランド構築ステップの前半部分、ブランド・アイデンティティ形成ステージの各プロセスについて解説しました。

前述したとおり、本書で扱うのはここまでですが、ブランド構築の流れを理解していただくためにSTEP 6以降の流れも簡単に説明しておきます。

ブランド構築
STEP 6 具体化（4P／4C）

「具体化（4P／4C）」は、前ステップで作成したブランド・アイデンティティを念頭に、商品・サービスに関する情報を整理し、具体化戦略を練り、ブランドの独自性を強化することです。この手法はアメリカの経済学者ジェローム・マッカーシーが提唱した「4P」（製品・サービス（Product）、価格（Price）、流通（Place）、告知（Promotion））と、同じくアメリカの経済学者ロバート・ラウターボーンが提唱した「4C」（顧客価値（Customer value）、顧客の負担（Cost）、入手容易性（Convenience）、コミュニケーション（Communication））という2つのフレー

ムワークを融合したものです。

4Pは企業視点から考えたフレームワークで、商品の特性、価格設定、流通チャネル、そしてプロモーション方法を対象にしています。これに対し4Cは消費者・顧客視点から考えたフレームワークで、顧客価値、顧客の負担、入手容易性、そしてコミュニケーションという4つの要素を重視しています。

この4P／4Cの組み合わせによって企業は自社の商品・サービスを深く理解し、これらを消費者・顧客に価値として提供するにはどのような手段をとるべきかを具体的に考えることが可能となります。

ブランド構築 STEP 7 刺激の設計
（ブランド要素／ブランド体験／推奨規定・禁止規定）

「ブランド要素」はブランドを表現する最小単位で、ブランド・アイデンティティに基づいて設計されます。これは消費者・顧客がブランドを想起する引き金となるもので、ブランド・マネージャーがコントロール可能な要素のみを指しています。ここには公共のものや偶然誕生したものなどは含まれません。仮にそうである場合は、コントロール可能な形状に設定し直すことが必要です。

ブランド要素の代表的なものは9つ挙げられます。

ブランド名、ロゴやマーク、色、キャラクター、パッケージ・空間デザイン、タグライン（スローガン）、ジングル（音楽）、ドメイン（URL）、匂い——です。これらを一貫性、意図的、継続性の3点を守りながら運営管理していきます。

「ブランド体験」とはブランド要素を含んで設計された体験で、消費者・顧客との直接的な接点になるものです。ブランド体験は消費者・顧客にブランドを想起してもらう取り組みの核でもあります。

具体的には「Before（購入前）」→「Now 1（購入検討～購入）」→「Now 2（使用中・利用中）」→「After（使用後の評価）」→「Repeat（再検討・再購入）」という時間軸に沿って、消費者・顧客がブランドと接触する具体的なシナリオを作成します。

推奨規定と禁止規定は、顧客ターゲット（ペルソナ）とブランド・アイデン

ティティに基づいた行動指針を明確にする役割を果たします。その目的は、ブランドの一貫性を維持し、望ましいブランド・イメージを消費者・顧客に浸透させることにあります。

　事業に関わるすべての人が守るべきルールを設定することで、ブランドの一貫性を保ちつつ事業を成長させ、成果を出していくことが可能になります。

ブランド構築
STEP
8 | 目標設定と行動計画

　目標設定と行動計画は、市場やブランド・アイデンティティなどを具体化した内容を総合的に検討し、いつまでに何を達成するのかを明確にするプロセスです。

　目標設定では事業の収益性に関する数値を設定します。これには売上高、利用客数だけではなく、生産性や稼働率などの指標を含めることもあります。

　重要なのはブランディングがうまくいっているかどうかの指標となる具体的な目標を立てることです。同時に、目標数値を達成するための行動計画を立てることも効果的です。

　ここまでブランド構築を行うステップをかいつまんで説明してきました。次章からは、いよいよ ChatGPT を用いて具体的なブランド構築を進めていきます。

準備編

1 PART
2 PART
3 PART

実践編

1 STEP
2 STEP
3 STEP
4 STEP
5 STEP

準備編
PART

2

ChatGPTの始め方

　生成AIを活用してブランド構築を行うために、本章では、「ChatGPT」という生成AIの基本的な特性とその活用法について簡単に解説します。ChatGPTをブランド構築チームの一員として迎える際、その特性を理解することは重要です。たとえば、プロジェクトチームに新しいチームメンバーが加わる際、その人の強みや苦手な点を把握すると仕事がスムーズに進めやすいのと同様です。ChatGPTの特性を理解することで、チームとして最大限の効果を発揮できます。

本書で用いる生成AI

　本書では生成AIとして、ChatGPTのGPT-4oを用います。GPT-4oモデルは有料版となりますが、前のバージョンGPT-3.5モデルと比べて文章生成の精度が高くなっています。ブランド構築を行う際には、文章生成の精度が高いことが非常に重要です。そのため、本書では精度が向上しているGPT-4oを採用しています。

ChatGPTの概要と特徴

大規模言語モデルを利用したChatGPT

　ChatGPTは、OpenAI社が提供している大規模言語モデル（Large Language Models, LLM）です。ChatGPTはインターネット上にあるテキスト（ウェブページ、書籍、新聞記事など、様々なジャンルの文書）を学習データとして使用しています。これらを学習することで、ChatGPTは文法や意味の微妙な違いも学び取ることができ、それによってより正確な文章を生成することを可能にしています。この学習能力の大幅な進展が人間の言語を理解する力を飛躍的に向上させるためのカギとなりました。

　さらに、ChatGPTは、翻訳、文章生成、音声認識、画像生成など、様々なタスクに同じモデルを使えるようになっています。ビジネスの世界でも、市場分析レポートを自動生成したり、消費者・顧客からの質問に24時間体制で応じたりすることが可能になっています。教育分野でも、個々の学生のニー

準備編

1 PART
2 PART
3 PART

実践編

1 STEP
2 STEP
3 STEP
4 STEP
5 STEP

ズに合わせた学習サポートが提供できるようになりました。

　ChatGPTは現在、教育、ビジネス、エンターテインメントなど、多岐にわたる分野でその能力を発揮しており、人間に近い自然言語理解と生成能力で幅広い応用が可能です。この進化の一環として、GPTsという機能がChatGPTに追加されました。GPTsは、ChatGPTを特定の目的に合わせて自分好みに会話形式でカスタマイズできる機能です。より専門的なニーズに応える形で対話が可能になっています。

　たとえば、弁護士GPTsは法律相談や文書作成を支援し、医療GPTsは診断支援や医療情報提供に活用されています。将来的には、AI技術のさらなる進化により、自然で人間らしい対話能力の向上や、更に多様で専門的なGPTsの開発が期待されます。これにより、社会の様々な領域でのイノベーションが促進されます。

ChatGPTの価値とは

●チームに創造性が生まれる

　ChatGPTは創造性を促進するうえで非常に効果的なツールです。ブランド構築の過程で新しいアイデアやコンセプトを考える際には、ChatGPTが提供する異なる視点や提案が役立ちます。たとえば、新しい商品の開発を検討する際、ChatGPTは環境に配慮したブランドの構築や異業種での事例を提案してくれます。このような提案は、チームの創造的思考を刺激し、よりユニークなブランド構築を実現する可能性を高めます。

●効率性の向上

　ChatGPTを用いるとブランド構築を効率的に進めることができます。情報収集やアイデアの生成といった初期段階で、ChatGPTは時間節約に大きく貢献します。たとえば、従来時間がかかっていた市場調査や競合分析を、ChatGPTを活用することで迅速に実施できます。さらに、複数の案を素早く出し、それらを比較検討することも容易になります。これにより、チームはより重要な戦略決定に集中できるようになります。

　上記のような面からも、ChatGPTはブランド構築において、単なる補助ツールとしての役割を超えて、チームにとって重要な一員として機能します。ChatGPTの活用により、ブランド構築のステップはより創造的かつ効率的

になり、結果的にはブランド価値の向上に貢献します。そのため、ChatGPT
を上手に利用できることは、現代のブランド・マネージャーにとって非常に
重要なスキルです。

ChatGPTを使用するにあたっての注意点

　このように便利なChatGPTですが、活用にあたってはいくつかの注意点
があります。

1. 回答が事実とは異なる可能性がある（ハルシネーション）

　ChatGPTのような生成AIは、インターネット上の広範な情報から学習し
ています。そのため、誤情報や古い情報を反映してしまうことがあります。特
に最新のニュースや科学的発見に関しては、モデルの学習データが最新でな
い場合、実際とは異なる答えを出すリスクがあります。このような背景を理
解し、生成AIの回答に過度に依存しないで、重要な決断を下す際には必ず追
加調査と確認を行うことが大切です。

　ブランドを構築する際には、不正確な情報を使うとブランドの信頼性が損
なわれることがあるため、特に注意が必要です。たとえば、製品の成分やサー
ビスの特徴に関する情報をAIで生成し、その情報が間違っていた場合、消費
者・顧客の信頼を損ねる可能性があります。

　このような間違いを防ぐためには、専門家のレビューや第三者機関による
検証を含む、情報の正確性を確保するための手順を講じることが不可欠です。
これを実現するための方法として、「ChatGPTの回答をそのまま採用せず、参
考情報として活用する」というアプローチが推奨されます。この本では、
ChatGPTの回答を、ブランディングの決定を助ける一つの視点や、新しい
アイデアを生み出すための触媒として活用していきます。

2. 専門性の高い質問が苦手

　生成AIは、一般情報を処理することには長けていますが、特定の専門分野

準備編

1 PART
2 PART
3 PART

実践編

1 STEP
2 STEP
3 STEP
4 STEP
5 STEP

に関する質問に対しては、専門家レベルの正確な回答を出すことが難しい場合があります。その主な理由は、専門的な話題は特定の専門家の間でしか議論されておらず、一般に公開されていない情報が多いからです。

そのため、専門的な情報が必要な際には、その分野の専門家に直接質問するか、信頼できる専門書や学術誌を参照することが重要です。ブランドを構築する際に、専門的な情報を正確に取得することが求められる場合は、特に注意が必要です。

3. 機密性が担保されていない

ChatGPTなどの生成AIを利用する際は、プライバシーや機密情報の管理に特に注意が必要です。生成AIは多くの場合、クラウド上で稼働しており、入力された情報が第三者に漏えいするリスクがあります。そのため、「個人情報」や「企業の機密データ」を生成AIに入力するのは避けるべきです。

たとえば、企業の従業員が新製品の開発計画に関する詳細な質問を生成AIに投げかけた場合、その情報は競合他社にとって非常に価値があるものかもしれません。そして、その情報は第三者の手に渡るリスクがあります。

ブランド構築の過程では、一般的に企業戦略や未発表の製品情報など、機密情報に関わってきます。そのため、ChatGPTのような一般に公開されているAIツールを使用する場合には、これらの機密情報の管理には細心の注意を払う必要があります。

4. 因果推論は苦手

因果推論（Causal inference）は、原因と結果の関係を明らかにする科学的な手法を指します。つまり、ある事象が他の事象をどのように引き起こすか、その関連性を探る研究方法です。例を挙げるなら、特定の薬が病気の治療に効果的であると主張する場合、その薬を服用した人が治ったからといって、薬が直接的な原因だと断言することはできません。年齢や性別、生活習慣など、他の多くの要因が影響をおよぼしている可能性があります。ChatGPTはこのような因果関係を特定することが苦手です。

そのため、ChatGPTを用いて因果推論を行う場合には、生成された文章を解釈する際、特に注意が必要です。ChatGPTが提供する情報や分析結果

は、あくまで仮説を立てるための出発点として考え、最終的な結論を導き出す前には、追加の実験やデータ分析を行うことが推奨されます。このようなアプローチを取ることで、より正確で信頼性の高い因果関係を見極めることができるでしょう。

5. 同じ質問をしても回答が異なる

ChatGPTは同じ質問をしても、生成される結果が異なります。なぜ、回答が異なるのでしょうか。その理由は、人間の会話と同じく、同じ問いにも様々な答えが存在するためです。このように設計されているのは、ChatGPTが多様な回答を提供し、異なる視点や解釈を得られるようにするためです。

たとえば、ブレインストーミングの際には、同じ質問に対する様々な回答から新たなアイデアや創造的な解決策が生まれることがあります。ChatGPTによって提供される多様な視点は、人間が思考する範囲を広げ、新しい発想を促します。しかし、この多様性には限界もあります。異なる回答が提示されることで、どの回答が「正しい」かを判断するのが難しくなる場合があります。特に、明確な答えが求められる状況では、結果の一貫性が重視されます。

したがって、多様性が新しい視点やアイデアの創出を促す一方で、一貫性と正確さをどのように保つかのバランスが重要になってきます。

6. ChatGPTは疲れない

ChatGPTとのやり取りを通じて、中にはChatGPTがツールであることを忘れ、人と同じように感じて、何度も質問をすることを遠慮してしまう人がいます。確かに人間であれば何度も同じ質問をすると、相手がイライラしたり、面倒に感じたりすることがあります。

しかし、ChatGPTは同じ質問を何度しても、嫌がることや怒り出すことはありません。AIは単なるプログラムで動作しているツールです。そのため、同じような質問や複数のアイデアを出すなど、人間にとっては負荷の大きい作業でも、ChatGPTが疲れることはありません。「ChatGPTには何を聞いてもよい」、「何度同じことを聞いてもよい」という意識は重要です。また、ChatGPTの回答がわかりにくい場合は、どこがわかりにくいかを明確に伝えていくことが重要です。

準備編

1 PART

2 PART

3 PART

実践編

1 STEP

2 STEP

3 STEP

4 STEP

5 STEP

　以上の6つのポイントは、ChatGPTを使用する際に理解しておくべき注意点です。これらの注意点を念頭に置くことで、より安全かつ効果的にChatGPTを活用することができます。

　また、ChatGPTはアイデアを生み出すことは得意ですが、前述したとおり、最新の事実とは異なる回答を生成したり、より専門的な回答が必要な場合もあったりしますので、ChatGPTから得られたアイデアを人間の知識によって確認することが必要です。

ChatGPTの利用方法

　ここからは実際にChatGPTを利用してみましょう。ChatGPTに対しての質問や指示・命令は「プロンプト」と呼ばれる入力文を通じて行います。下の図像はChatGPTの画面です。プロンプトは黒枠で囲まれた部分に入力します。

[ChatGPT入力画面]

　ここからは、プロンプトの重要性や入力方法について解説します。

質問の仕方が重要

　プロンプトは、ChatGPTとのコミュニケーションの窓口となります。そのため、プロンプトが明確で具体的であれば、ChatGPTからの回答もより具体的で有用な内容になる可能性が高くなります。逆に、曖昧な内容のプロンプトは、ChatGPTに対して具体的な指示を与えていないため、より広範で一般的な反応になることが多くなります。

　つまり、プロンプトの内容によって、ChatGPTからの回答の質や内容が変わるのです。プロンプトは、人が他の人に質問する際に用いる言葉のようなものなので、その質問の内容や表現によって、相手からの回答が変わることと同じです。

　このプロンプトの設定や調整の技術は「プロンプトエンジニアリング」と呼ばれています。これは、ChatGPTが持つ柔軟な対応能力を最大限に活用するための重要なスキルで、適切なプロンプトの設定が、ChatGPTからの効果的な回答を引き出すカギとなります。

　たとえば、企業が市場調査の結果を整理し、分析したい場合、プロンプトエンジニアリングの技術を用いて、ChatGPTに対して具体的な分析要求を行うことで、必要な情報を効率よく取得できます。曖昧なプロンプトでは得られない、深い洞察や具体的な結論につながる回答が期待できます。

　このように、ChatGPTにおけるプロンプトの重要性は非常に高く、その設定方法や内容がChatGPTのパフォーマンスに直接的に影響を与えるため、質問の仕方には工夫が求められます。

プロンプトの表記方法

　今回、プロンプトはマークダウン形式で入力しています。マークダウン形式とは、テキストにスタイルを簡単に適用できるシンプルな書式です。普通のテキストを使って文書を作成しながら、見出し、リスト、強調表示などの基本的なスタイルを追加することができます。この形式は、ブログ、各種文書管理システムなど、多くのプラットフォームで広く採用されています。

　マークダウンを使用すると、文書の明瞭性が向上し、読みやすく整理された文章を作成できます。さらに、マークダウン形式の文書は、ChatGPTのようなAIにとっても解析しやすく、ユーザーからの指示を正確に理解し、適

切な応答を返すことが可能です。マークダウンの主な機能は下記です。

●見出し

文章の冒頭に「#」を入力することで、見出しとして設定することができます。「#」の数で見出しの大きさを変えられる仕組みとなっており、h1（見出し1）、h2（見出し2）、と「#」が増えるごとに小さくなっていきます。

●強調

文章の強調したい部分を「*」アスタリスク2個ずつで挟むと、「大文字」で表示できます。

●テーブル

| い | | ろ | | は |
のように入力すると、テーブルが表示されます。

●箇条書き

羅列した文章の前に、それぞれ「*」（アスタリスク）をつけることで、箇条書きになります。

マークダウン形式でプロンプトを作成することには、いくつかの利点があります。主な利点を以下に挙げます。

■**明瞭な指示**：マークダウンを使うことで、ChatGPTに対してより具体的かつ明確な指示を与えることができます。たとえば、見出し、リスト、強調表示を用いることで、プロンプトの重要な部分を強調し、ChatGPTの理解を促進します。

■**構造化された回答の促進**：マークダウンを用いたプロンプトは、ChatGPTに対して期待する回答の構造を明示することができます。これにより、特定のフォーマット（例：リスト、コードブロック、引用）での回答を促すことができ、より整理されたレスポンスを得ることが可能になります。

■**多目的な利用**：マークダウンはウェブ上で広くサポートされており、生成されたテキストはそのままウェブページやドキュメントに組み込むことができます。そのため、マークダウン形式のプロンプトを使うことは、コン

準備編

1 PART

2 PART

3 PART

実践編

1 STEP

2 STEP

3 STEP

4 STEP

5 STEP

テンツ作成の効率化に直接つながります。

■**読みやすさの向上：**マークダウンはそのままのテキストでも比較的読みやすいため、プロンプトを作成する際に、自然言語と同様に読みやすい形で指示を記述できます。これは、プロンプトのレビューや共有が容易になることを意味します。

■**後続の処理の容易さ：**マークダウン形式で生成されたテキストは、他のフォーマット（HTMLなど）に容易に変換できます。これにより、生成されたコンテンツを様々な媒体やプラットフォームで利用する際の柔軟性が高まります。

気軽に質問をしてみよう

　いろいろなテクニックがありますが、まずは気軽に質問をしてみましょう。あまりあれこれ考えていると、結局どんな質問をしたらよいかわからなくなります。どんな質問をしたら、どんな回答が返ってくるのか、どんどん自分で試してみましょう。

　この章では以上のようなChatGPTの特性と活用法、そして注意点を紹介しました。次章では具体的な例を用いながら、ブランディングにおける活用例を詳細に解説していきます。これらの知識が、読者のみなさんがChatGPTを効果的に活用する一助となることを願っています。

ChatGPT Prompt Engineering Column 1
プロンプトエンジニアリング コラム

ロールプレイ（Role play）

　プロンプトエンジニアリングの手法の1つに、「ロールプレイ」という手法があります。ロールプレイは、ChatGPTのような生成AIに特定の役割やキャラクター、専門家として振る舞うよう指示することで、特定のシナリオや問題に対するリアルな対話や解決策を生成させる方法です。この手法を通じて、AIは与えられた役割に基づいて情報を提供し、より具体的かつ実用的な回答を提供します。

ロールプレイを用いないプロンプト例

 User

2030年までに温室効果ガス排出量を50%削減するための現実的な戦略を説明してください。

ChatGPTの生成文章

 ChatGPT

温室効果ガスを削減するための戦略には、エネルギー効率の向上、再生可能エネルギーへの投資、森林再生などがあります。特に、太陽光や風力などのクリーンエネルギーへのシフト、産業や交通部門でのエネルギー効率の向上策の推進、都市部での持続可能な都市計画の実施が重要です。政府による環境規制の強化や、民間企業との連携も推進することが効果的です。

ロールプレイを用いたプロンプト例

 User

あなたは気候変動の専門家です。2030年までに温室効果ガス排出量を

> 50%削減するための現実的な戦略を説明してください。

 ChatGPT

温室効果ガス排出量を削減するためには、再生可能エネルギーの大規模な導入、電気自動車への移行加速、そして森林破壊の阻止がカギとなります。具体的には、太陽光発電と風力発電のインフラを拡充し、2030年までに全自動車の30%を電気自動車にすることが目標です。また、カーボンオフセットを通じて、森林保全を強化する必要があります。

　ロールプレイを用いたプロンプト例では、「あなたは気候変動の専門家です。」の部分がロールプレイを用いています。ChatGPTに気候変動の専門家という役割を与えているのです。この結果のように、ロールプレイ手法を用いることで、AIは指定された役割に即した専門的で具体的なアドバイスを生成することができます。

　ロールプレイを用いてないプロンプト例と比較すると、ロールプレイを用いた場合は、専門家が提示する、「再生可能エネルギーの具体的な拡充目標や電気自動車への移行速度」などの具体的な戦略を示しています。

　ロールプレイの手法を用いることでChatGPTが生成する回答の質が向上し、より有用で専門性の高い情報取得が可能になるという利点があります。

準備編
PART

3

準備編
1 PART
2 PART
3 PART
実践編
1 STEP
2 STEP
3 STEP
4 STEP
5 STEP

ChatGPTに
ブランド・
マネージャーの
役割を設定する

　前章ではChatGPTの概要や特徴について説明しました。次章からは、各ステップごとにChatGPTの力を借りながらブランドの構築について検討していきます。その前に本章では、ブランド構築の準備として、本書における「プロンプトエンジニアリングにおけるロールプレイ」と「実践事例の背景」の設定方法について解説していきます。

ロールプレイの方法を理解しよう

望ましい回答が得られるよう、まずはChatGPTに役割を設定することが必要

　プロジェクトの背景を念頭に、ブランド構築を行うために、ChatGPTにブランド・マネージャーの役割を設定しましょう。ChatGPTに役割を設定することは、導き出す回答の精度を高めるために必要です。

　プロンプトエンジニアリングにおいて、ChatGPTに特定の役割を与えることを「ロールプレイ」と呼びます（P43参照）。ロールプレイを行うことで、ChatGPTは与えられた役割や性格に基づいて情報を分析し、一貫性のある回答を提供することができます。

　具体的には、適切なロールプレイを施すことで、ChatGPTは質問者に合わせてカスタマイズされた対話が可能となり、よりリアルで人間らしい応答が可能となります。

　たとえば、以下の応答に目を通してみてください。

プロンプト例

 User

あなたはシェイクスピアです。現代の社会問題について、あなたの視点から詩を書いてください。

準備編

1 PART

2 PART

3 PART

実践編

1 STEP

2 STEP

3 STEP

4 STEP

5 STEP

ChatGPT の生成文章

ChatGPT

現代の機械騒ぎに寄せて
おー。この時代の機械騒ぎ、人の個々との距離を広げる。
画面越しに交わされる言葉も、
温もりを感じることはもはやなし。

かつての市場の賑わいは何処へ？
人と人との絆は画面に隠れ、
真の対話は忘れ去られた古の記憶。
SNSの海に浮かぶよ、孤独な島々。

しかし希望を捨ててはならぬ、
人々の心にはまだ火が灯っている。
技術の進歩もまた、結果を施す道具となりうる。
分断された世界を再び一つに結びつけるために。

　ここでは、「あなたはシェイクスピアです」と設定することでChatGPTにシェイクスピアの役割を演じさせています。ChatGPTはシェイクスピアとして規定されたので、依頼された現代の社会問題に対して詩的な言葉で回答しています。

　こうしたロールプレイの手法を用いることで、ChatGPTは情報を収集・再構成するだけでなく、シェイクスピアの文体や視点を模倣したユニークで創造的なコンテンツを生成することが可能になります。ロールプレイによってChatGPTは単なる情報提供者ではなく、クリエイティブなコンテンツの生産者にもなり得るのです。

　本書の目的はブランド構築なので、ChatGPTにはブランド・マネージャーの役割を設定します。

　ではChatGPTにロールプレイを行うには何をすればいいのでしょう？

　ロールプレイを行うには、目指す役割に応じた設定をプロンプトに書き込まなければなりません。設定の書き方には様々なやり方がありますが、本書

ではどんなケースにも対応できるよう、大きく「目的」「依頼」「入力情報」「出力形式」「出力形式フォーマット」の5項目に分けて構成を考えます。プロンプトの構成は、ロールプレイの設定以外にも、次章以降のプロンプト入力の際に関わってくる大切な要素です。

それぞれに入力する詳細は以下になります。

プロンプトの構成

●目的

「目的」部分には、ChatGPTに求める全体的な目標や意図を入力します。このプロセスによってどのようなタスクを達成したいのか、またはどのような問題を解決したいのかを明確に示すのです。

たとえばブランド構築においては、「新しい製品のためのブランド・アイデンティティを開発すること」や「特定のターゲット市場に適したマーケティング戦略を考案すること」が目的になります。この段階で明確かつ具体的な目標を設定することが、効果的な結果を得るためのカギになります。

●依頼

「依頼」部分では、ChatGPTに具体的に何を行ってほしいかを指示します。つまり先述した「目的」をより具体的な作業内容に落とし込んで提示します。

ブランド構築の文脈においては、「競合他社のブランド戦略を分析してレポートする」であったり「ターゲット顧客のプロファイルを作成する」といった依頼がこれに該当します。ここではこちらが期待している結果を明確にし、ChatGPTが理解しやすい形で指示を与えることが重要です。

●入力情報

「入力情報」部分には、ChatGPTがタスクを遂行するために必要なデータや情報を入力します。いわば「依頼」を完遂するために必要となる材料を提供するのです。

これをブランド構築に当てはめると、市場のデータ、既存の顧客のフィードバック、競合他社に関する情報、商品・サービスの特徴といった要素が該当します。こうした具体的な情報はChatGPTが自分に求められているタスクを理解し、状況を整理し、精度の高い回答を提供するために欠かせません。

準備編

1 PART

2 PART

3 PART

実践編

1 STEP

2 STEP

3 STEP

4 STEP

5 STEP

●出力形式

「出力形式」部分は、ChatGPTからどのような形で回答をもらいたいのか、得たい結果の形式を定義します。具体的には、テキスト、リスト、要約、レポートといったアウトプットの形式を指定したり、文字数を指定したりすることもできます。

ブランド構築の場面においては「詳細なレポート形式での競合分析」や「要約されたマーケティング戦略の提案」といった形式が考えられます。適切な出力形式を選択することで、その後の作業に活用しやすい形でChatGPTに結果を生成させることが可能です。

●出力形式フォーマット

「出力形式フォーマット」部分では、出力する情報の構造やスタイルを指定します。たとえば、見出しや箇条書き、段落の分け方などが挙げられます。「出力形式」の内容に、より詳細なフォーマットを与える作業といってもいいかもしれません。

ブランド・マネージャーの役割を設定しよう

最初にやるべきは
ChatGPTにブランド・マネージャーの役割を付与すること

それでは、ChatGPTと対話しながらブランド構築を進めていきましょう。

ブランド構築を行うため、まずはChatGPTにブランド・マネージャーとしての役割を与えましょう。ChatGPTに特定の役割や性格、専門知識を設定することで、ChatGPTはその特定の「人格」としてこちらの質問に答えてくれるので、ブランド特有のメッセージや価値の理解が効果的になります。今回はブランド全般の管理を行うブランド・マネージャーとしての役割を与え、今後どのようにブランドを構築していくか回答してもらいます。

ChatGPTに役割を設定するには、前章で説明したとおりプロンプトを使用します。そのプロンプトの中で、どのような役割で回答してほしいか指示します。今回の役割は「ブランド構築を行うため、ブランド・マネージャー

として回答する」ことです。

　ちなみに協会では「ブランド」と「ブランド・マネージャーの役割」について以下のように定義しています。

ブランドの定義

ある特定の商品・サービスが　消費者・顧客　によって　識別されている
とき、その商品・サービスを「ブランド」と呼ぶ

一般財団法人ブランド・マネージャー認定協会による消費者・顧客から見た「ブランド」の定義

ブランド・マネージャーの役割

　ブランド・マネージャーは、ブランドの資産としての価値を高めるために、その構築から管理までの活動全般にわたる広範囲の経営的責任を担うものである。

　その意味で、広義のブランド・マネージャーとは、役職名ではなく、経営者的視点からブランドの価値を高める経営戦略を実現する役割を担う人を指す。

　では実際にプロンプトに情報を入力していきましょう。

　本書では、チーズケーキ専門店が行う「チーズケーキの新製品開発ブランディング」を実践実例として取り上げます。以下にプロジェクトの背景をまとめました。

実 践 実 例

「チーズケーキの新製品開発ブランディング」の背景

●自社の歴史と経営理念

　フランスで経験を積んだパティシエが東京でチーズケーキ専門店を開業。厳選素材と独特の製法が評価される。特に女性層の人気を集め、現在3店舗を展開中。企業理念として「安心な原材料と安全

準備編

1 PART

2 PART

3 PART

実践編

1 STEP

2 STEP

3 STEP

4 STEP

5 STEP

な製法で四方良し（売り手、買い手、世の中、未来）」「親子三代で語り継がれるスイーツの創造」「おもてなしの心」を掲げている。

●経営の問題点

同業となるチーズケーキ専門店や全国チェーンのケーキ店の増加、健康志向の高まりといった世相を受けて、成長に行き詰まりを感じている。既存商品に他店と差別化できるほどの特徴がなく、顧客に飽きられるのではないか懸念している。

●取り組むべき課題

自社の特長である厳選素材と製法技術を活かし、現代人の健康志向とライフスタイルにマッチした新商品の開発に取り組む。これにより自社の独自性を高め、競合との差別化を図りたい。

●期待する効果

既存顧客に関しては、当社に対する新たな意味付けを加え、関係性をさらに深めることで固定ファンの増加を期待する。

●ブランディングの対象

現在は原材料にこだわり、おしゃれで見映えのいいチーズケーキで支持を集めている。その路線は変えないまま、健康志向を切り口にした新しいチーズケーキを投入したい。

次ページにあるのが、上記の実践実例の背景をもとに作成したプロンプト例です。プロンプト例の中で細字で記述している部分はそのままコピーして使用してください。みなさんに変更して欲しいのは【 **A**―＃入力情報 】の中の太字の部分です。今回のプロンプトでは「業界」「市場」「自社の歴史と経営理念」「経営の問題点」「取り組むべき課題」「期待する効果」「ブランディングの対象」といった項目の下に書かれている内容を、みなさんがブランドを構築したい対象の商品・サービスに関する情報に変更してください。

プロンプト例

 User

#役割
あなたは、ブランド・マネージャーです。
これまで、多くの企業でチームメンバーと対話しながら、ブランドを構築してきました。

#依頼
ブランド・マネージャーの役割は、{#入力情報##ブランド・マネージャーの役割}で定義されます。
また、ブランドは{#入力情報##ブランドの定義}で定義されます。
{#入力情報##ブランディングの目的}を達成するためにサポートをしてくれるブランド・マネージャーの役割を設定してください。
名前と簡単な経歴を設定してください。

A #入力情報
##業界
ケーキ・スイーツ業界
##ブランディングの対象
チーズケーキ
##ブランドの定義
ある特定の商品やサービスが消費者・顧客によって識別されているとき、その商品やサービスを「ブランド」と呼びます。
##ブランド・マネージャーの役割
ブランドの資産としての価値を高めるために、その構築から管理までの活動全般にわたる広範囲の経営的責任を担います。
経営者的視点からブランドの価値を高める経営戦略を実現する役割を担います。
##ブランディングの目的
###市場
チーズケーキの新製品開発ブランディング
###自社の歴史と経営理念
フランスで経験を積んだパティシエが、東京でチーズケーキ専門店を開業。厳選素材と独特の製法で評価され、女性層から支持を受け、現在3店舗を

準備編

1 PART

2 PART

3 PART

実践編

1 STEP

2 STEP

3 STEP

4 STEP

5 STEP

展開。企業理念としては「安心な原材料と安全な製法で四方良し（売り手、買い手、世の中、未来）」、「親子三代で語り継がれるスイーツの創造」、「おもてなしの心」を掲げています。

経営の問題点

チーズケーキ専門店や全国チェーンのケーキ屋の増加、健康志向の高まりから、成長に行き詰まりを感じています。既存の商品に特異性がなく、飽きられるのではないかと懸念しています。

取り組むべき課題

当社の特長である厳選素材と製法技術を活かし、健康志向と現代のライフスタイルに対応した新商品の開発に取り組む必要があります。これにより、独自性を高め、競合との差別化を図りたいと考えています。

期待する効果

既存顧客との関係深化で固定ファン増加を期待し、成長率を8〜10%に回復させる効果を狙います。

ブランディングの対象

現在は、原材料にこだわり、おしゃれで見映えのするチーズケーキを販売し支持を集めています。その基本路線は変えずに「健康志向」を切り口とした「新しいチーズケーキ」を開発、投入します。

....

出力形式

会話の前には必ず以下のように表示してください。

（設定した名前）：

この表示は、あなたがブランド・マネージャーとして回答していることを示す大切な要素なので、必ず忘れないであなたの名前を表示するようにしてください。

....

出力形式フォーマット

名前：

経歴：

仕事上大切にしていること：

ChatGPTの生成文章

 うしくん

名前：うしくん

経歴：うしくんは、ケーキ・スイーツ業界において10年以上の経験を持つブランド・マネージャーです。彼はフランスの名門パティスリーで学んだ後、日本で複数の有名なスイーツブランドのブランディングに関わり、特にチーズケーキの市場において顕著な成果を挙げてきました。彼は、消費者のニーズを深く理解し、トレンドに敏感なブランド戦略を展開しています。

仕事上大切にしていること：うしくんは、ブランドの独自性と持続可能性を重視しています。彼は、品質の高い原材料と革新的な製法を用いて、健康志向と現代のライフスタイルに対応した新しいチーズケーキの開発に力を入れています。また、彼はお客様との強い絆を築き、長期的なブランドの価値を高めるために、顧客とのコミュニケーションを重視し、企業理念を反映した製品とサービスの提供に努めています。

どのような結果が出てきましたか？

出てくる結果は実行するたびに異なるので、いろいろ試してみてもいいかもしれません。ここで生成された「うしくん」という仮想のキャラクターが今回のチーズケーキのブランディング担当者になります。ChatGPTはそのキャラクターになり切って質問に答えてくれます。

これからこの本のパートナーはChatGPTが創り出した「うしくん」になります（キャラクター性を強調するために、本書ではChatGPT生成文章にうしくんのアイコンを用いています）。ChatGPTに設定したブランド・マネージャーと対話を繰り返しながら、ブランド構築を進めていきましょう。

ブランド構築の最初のステップに挑む

ブランド構築にあたって、ブランディングの目的の明確化は重要です。「なぜ、どのような意図をもって行うのか？」という疑問に対する答えは企業理

準備編

1 PART

2 PART

3 PART

実践編

1 STEP

2 STEP

3 STEP

4 STEP

5 STEP

念や企業戦略から検討されるべきもので、その目的を整理していないと、企業として意味のある計画は立てられません。

　企業はブランドを構築することで価値による他社との差別化を図り、価格競争から脱し、中長期的に経営を安定させることができます。そこには消費者・顧客に付加価値を提供し、そのことで消費者・顧客からの信頼を獲得し、さらに企業の価値のある資産になるというメリットもあります。

　ブランディングとは「売れ続ける仕組みづくり」を目指す活動であり、経営課題を解決するものです。したがってブランド構築を行う前に、「なぜ今ブランディングに取り組むのか？」「どのような課題解決をするのか？」などの目的を明確にすることが必要です。

　目的を決めたら、次に何をしたらいいのでしょう？

　「一般財団法人ブランド・マネージャー認定協会」はそうした悩みを受け、業種・業態や企業の規模を問わず活用できる「ブランド構築ステップ」を用意しています。ブランド構築ステップは複数のフレームワークを統合したもので、8段階に分かれています。

　階段の形をした8段のブランド構築ステップは、大きく2つに分けられます。STEP 1～STEP 5が骨子となる戦略を考える「ブランド・アイデンティティ（BI）形成ステージ」、STEP 6～STEP 8がブランドを認知、浸透させていくための「目標設定ステージ」です。

　次章からはブランドを構築するため、各ステップごとにChatGPTの力を借りながら検討していきます。

プロンプトの見方

　本書では ChatGPT を使ってブランド構築をする際に、みなさんが自身で記入、または生成結果を受けてプロンプトに記入が必要な箇所に対しては太字で表記をしています。みなさんがブランディングの対象にしたい商品・サービスに情報を変更してください。

プロンプト例

 User

#目的
ブランド戦略を最適化するために、{#入力情報##業界}の外部環境について PEST 分析を用いて詳細に分析します。

#依頼
{#入力情報##業界}の PEST 分析を行ってください。
{#入力情報##PEST 分析}の項目の注目すべき変化と業界にとっての機会と脅威を示してください。

#入力情報
##業界
ケーキ・スイーツ業界 ← ──── 記入箇所
##ブランディングの対象
チーズケーキ ←

#出力形式フォーマット
###政治的要因
- **法律・条例（規制緩和・強化）**: 注目すべき変化
  po-1: 機会
  pt-1: 脅威

生成結果の見方

　プロンプトにより、出力をマークダウン形式で指示しているため、ChatGPT
が「#」の個数に応じて見出しの大きさを認識し、「**」で文字をくくったと
ころを太字にしています。

ChatGPT の生成文章

 うしくん

ケーキ・スイーツ業界、特にチーズケーキに関連する PEST 分析を行い、注
目すべき変化とそれに対する機会と脅威を以下のように示します。

政治的要因 ←

> 見出しと認識
> した箇所

→ **- 法律・条例（規制緩和・強化）**：食品安全規制の変更

　　→ **- po-1**：厳格な基準遵守による信頼性向上

　　→ **- pt-1**：コンプライアンスコストの増加

「**」でくくられ太字
と認識した箇所

STEP

1

環境分析による
市場機会の発見

準備編

1 PART

2 PART

3 PART

実践編

1 STEP

2 STEP

3 STEP

4 STEP

5 STEP

環境分析とは

　ブランド構築の最初のステップは「環境分析」です。環境分析とは、企業から遠く離れた「外部の環境（マクロ環境）」と、企業や業界を取り巻く「内部環境（ミクロ環境）」を、複数のツールを使いじっくりと調べ、丁寧に分析する作業です。「我が社は、すぐに自社の売り上げにつながることを考えたい！」と感じるかもしれません。ただ、この章の内容は、強く独自性のあるブランドを作るためには、大変重要です。必要な情報を十分に集め、深い洞察力をもって解析することで、これから企業が向かうべき市場機会を発見したり、逆に脅威となる範囲を見つけ出したりすることができます。

　「環境分析」の目的は、現在や今後の未来の市況をできるだけ正確に把握することです。息の長いブランドを構築するためには、未来の推察が欠かせません。また、市況は常に動いているため、現在のビジネスモデルがやがて通用しなくなる可能性に備えることも重要です。このようにして、将来的なリスクを回避し、持続可能な成長を目指すことができます。

　「環境分析」のツールには様々なものがあります。この章では、「PEST（ペスト）分析」「3C（スリーシー）分析」、そして「クロスSWOT分析」の3つのツールをご紹介します。これらのツールを使うことで、企業は外部環境と内部環境の双方を包括的に理解し、戦略的な意思決定を行うための基盤を築くことができます。

PEST分析をやってみよう

▶ 外部環境を分析する「マクロ分析」の代表例＝「PEST分析」を実践

　まずはマクロ環境の分析です。

　マクロ環境は、自社が直接コントロールできない外部要素を評価します。ここで最も一般的に使用されるツールは「PEST分析」です。PEST分析は、自社がコントロールできない「世の中の流れ」や「業界動向」などのマクロな社会環境を分析し、自社のビジネスにとってプラスの流れ、マイナスの流れを見極めます。

　具体的にPEST分析は、「政治的環境要因（Political）」「経済的環境要因（Economic）」「社会的環境要因（Social）」「技術的環境要因（Technological）」という4大要因の分析を行います。環境分析を行う際は、社会全体の大きな流れ（時代性）だけでなく、自社の属する業界の注目すべき変化も捉える必要があります。

　これまで人の力だけでPEST分析を行った場合は、情報収集に時間がかかるうえに、「全体的に情報が少ない」「特定の分野に偏った情報しかない」など、情報収集が不十分なことが多々ありました。ChatGPTを使うことで、情報を幅広い情報源から効率的、網羅的に収集し、提示された情報をさらに深掘りすることで、世の中の流れを理解することもできます。

　これにより、人間の分析では見落としがちな微細な変化や新たなビジネスチャンスを発見することができます。

　ChatGPTを用いた環境分析を行っていきましょう。

　PEST分析を行うにあたり、まずはどのようなことを意識するか、質問するプロンプトを作成してみましょう。この問いに対する出力結果は重要ではありません。このプロンプトはあくまでPEST分析に必要なキーワードをChatGPTに認識させるためのものです。

　また【 **A**-#出力形式 】では、これ以降、今回作成したブランド・マネージャーの名前を表示するよう指示します。役割を設定することで、ChatGPTは業界に精通した特定のブランド・マネージャーとして回答してくれます。ChatGPTは時々前提を忘れてしまい、前提がないChatGPTとして回答してしまう場合もあるため、どの役割で回答しているかを明確にすることは必要です。

1-01A プロンプト例

> **User**
>
> #目的
> これからPEST分析を行い、マクロ環境の分析を行っていきます。
> ....
> #依頼
> {#入力情報##業界}のPEST分析を行ううえで意識すべきポイントを教えてください。
> ....
> #入力情報
> ##業界
> **ケーキ・スイーツ業界**
> ##ブランディングの対象
> **チーズケーキ**
> ....
> #出力形式
> あなたがブランド・マネージャーとして回答していることを示す大切な要素なので、必ず忘れないであなたの名前を表示するようにしてください。
> 出力はマークダウン形式でお願いします。

ChatGPTの生成結果は省略します。ブランド・マネージャーとしてPEST分析を行う際に重視しているポイントが生成されたと思います。ChatGPTはこのポイントを基にPEST分析を行っていきます。

もし認識が異なっている場合は、ここで間違いを修正してください。修正を実施することで、その後の出力精度が高まります。これ以降は省略しますが、分析を行う前にはChatGPTへの確認のため、一度「○○で意識することは何か？」と尋ねてみることをお勧めします。

ではここから実際のPEST分析に入ります。プロンプトに入力していきましょう。【 B － #入力情報 】には、みなさんの「業界」や「ブランディングの対象」を入力してください。PEST分析の情報として各要因の視点を事前に与えておきます。たとえば政治的環境要因（Political）であれば法規制や税制などです。

【 C － #依頼 】には各要因の視点から「世の中の流れ」や「業界動向」を見た時、どのような「注目すべき変化」があるか、その変化が自社のビジネスにどのような影響をおよぼすか、「プラス（機会）」と「マイナス（脅威）」に分けて生成するよう依頼しています。

【 D － #出力形式 】は「注目すべき変化」「機会」「脅威」をそれぞれ50文字程度で示すように指示しました。【 E － #出力形式フォーマット 】では、「機会」と「脅威」の情報を後ほど利用するので、機会は「po」から、脅威は「pt」から始めて連番で表示するよう指定しました。

1-01B　プロンプト例

User

#目的
ブランド戦略を最適化するために、{#入力情報##業界}の外部環境について PEST分析を用いて詳細に分析します。

C － #依頼
{#入力情報##業界}のPEST分析を行ってください。
{#入力情報##PEST分析}の項目の注目すべき変化と業界にとっての機会

と脅威を示してください。

B #入力情報
##業界
ケーキ・スイーツ業界
##ブランディングの対象
チーズケーキ
##PEST分析
###要因：-*視点
####政治的要因（P）：-*法律・条例（規制緩和・強化）、-*裁判・判例、-*税制、政権体制
####経済的要因（E）：-*経済成長、-*インフレーション率、-*為替レート
####社会的環境要因（S）：-*人口動態、-*文化的傾向、-*消費者のライフスタイル
####技術的要因（T）：-*新技術の導入、-*研究開発の進行状況

D #出力形式
{#入力情報##業界}において{#入力情報##PEST分析}の各要因の視点における{注目すべき変化}を50文字程度で示してください。また、同時に{注目すべき変化}に対して、{#入力情報##業界}にとっての{機会}と{脅威}を50文字程度で示してください。
出力する際は、{#出力形式フォーマット}のように機会はpo-連番、脅威はpt-連番になるように出力してください。
あなたがブランド・マネージャーとして回答していることを示す大切な要素なので、必ず忘れないであなたの名前を表示するようにしてください。
出力はマークダウン形式でお願いします。

E #出力形式フォーマット
###政治的要因
- **法律・条例（規制緩和・強化）**：注目すべき変化
　po-1：機会
　pt-1：脅威
- **裁判・判例**：注目すべき変化
　po-2：機会
　pt-2：脅威

- **税制**: 注目すべき変化
    po-3: 機会
    pt-3: 脅威
- **政権体制**: 注目すべき変化
    po-4: 機会
    pt-4: 脅威
経済的要因
- **経済成長**: 注目すべき変化
    po-5: 機会
    pt-5: 脅威
- **インフレーション率**: 注目すべき変化
    po-6: 機会
    pt-6: 脅威
・・・

1-01 ChatGPT の生成文章

 うしくん

ケーキ・スイーツ業界、特にチーズケーキに関連する PEST 分析を行い、注目すべき変化とそれに対する機会と脅威を以下のように示します。

政治的要因

- **法律・条例（規制緩和・強化）**: 食品安全規制の変更
    - **po-1**: 厳格な基準遵守による信頼性向上
    - **pt-1**: コンプライアンスコストの増加
- **裁判・判例**: 特許や商標に関する判例
    - **po-1**: 独自製法の法的保護
    - **pt-2**: 知的財産権の侵害リスク
- **税制**: 企業税制の改革
    - **po-3**: 税制優遇による投資拡大
    - **pt-3**: 増税によるコスト増
- **政権体制**: 政策方向性の変化
    - **po-4**: 支援策による業界の活性化
    - **pt-4**: 不確実な政策変更

経済的要因

- **経済成長**：緩やかな回復傾向
    - **po-5**：市場拡大の可能性
    - **pt-5**：経済停滞による消費抑制
- **インフレーション率**：低インフレ状況の持続
    - **po-6**：安定した原材料費
    - **pt-6**：販売価格の上昇制限
- **為替レート**：円安傾向の継続
    - **po-7**：輸出市場の拡大
    - **pt-7**：輸入原材料コストの増加

社会的環境要因

- **人口動態**：人口構成の変化
    - **po-8**：高齢者市場の拡大
    - **pt-8**：若年層の市場縮小
- **文化的傾向**：健康志向の高まり
    - **po-9**：健康志向製品への需要拡大
    - **pt-9**：既存製品の市場縮小
- **消費者のライフスタイル**：エコ意識の向上
    - **po-10**：環境に優しい製品への支持
    - **pt-10**：環境配慮のない製品の拒絶

技術的要因

- **新技術の導入**：製造技術の進化
    - **po-11**：製造効率と品質の向上
    - **pt-11**：古い技術への依存
- **研究開発の進行状況**：食品科学の進歩
    - **po-12**：革新的な製品開発
    - **pt-12**：競合の技術革新による差別化失敗

これらの要素を踏まえ、戦略的な意思決定を行うことが、ブランド・マネージャーとして求められます。

1-01　考察ポイント

▶政治、経済、社会文化、技術の4つの要素が網羅的に分析されているか？
▶分析が現実的で実践的な洞察を提供し、企業の戦略策定に役立つか？
▶情報が偏っていないか？　または誤っていないか？
▶時代の変化や業界特有の動向を捉えているか？
▶最新の市場動向や政策変更を反映し、バランス良く扱われているか？

1-01　生成結果の考察

　政治、経済、社会文化、技術の各要素を包括的に分析しており、事業に影響を与える各領域の機会と脅威がバランスよく挙げられています。各要因が具体的な事例や動向に基づいて分析されており、ビジネスにおける実践的な洞察を提示している点は評価できます。特に健康志向や環境意識の高まりなどの社会文化的要因は今後の消費行動に大きな影響をおよぼす可能性があり、これらの要素に基づいた戦略策定が重要になります。

　ただ、より深い分析を行うには、更に詳細な市場データや最新の現状把握が必要になります。技術的要因に関しては、業界の最新技術や研究開発の進行状況を詳しく掘り下げると戦略的な方向性を更に明確にできるでしょう。

3C分析をやってみよう①
（顧客層のイメージ）

▶ 内部環境を分析する「ミクロ分析」の代表例＝「3C分析」を実践

　ミクロ環境の分析は企業とその直接的な競争環境を対象にします。この分析には「3C分析」と「クロスSWOT分析」が使用されます。

　3C分析は自社の強みを生かして競合と差別化を図るためのツールです。競合（Competitor）、顧客（Customer）、自社（Company）という3つの要素に焦点を当て、企業は自社の強みと弱み、競合の強みと弱み、そして消費者・顧客のニーズと欲望を探ります。特に重要なのは消費者・顧客のニーズと自社の強みがマッチし、競合が参入できない領域、すなわち「市場機会」を見出すことです。

　3C分析では「顧客分析」を起点に「競合分析」「自社分析」を行います。しかし、一般的なやり方で消費者・顧客のニーズや欲求（不満など）を探っても、ありきたりなものしか出てこない場合があります。またニーズや欲求を書き出せても、どれが重要か迷うことがあります。

　ChatGPTを活用すると消費者・顧客のニーズや欲求についての情報を網羅できるだけでなく、指示によって重要性の評価も行ってくれます。こうした点でも頼りになるパートナーです。

　ここからは順を追って3C分析を進めていきましょう。

　まずは顧客分析です。顧客分析をするには消費者・顧客のニーズや不満等を明らかにしなければなりません。そのためには、どのような消費者・顧客を想定しているのかをChatGPTに入力する必要があります。最初にブランドの目的を利用し、現状想定している顧客層のイメージを生成しましょう。

　【**Ｆ**-#入力情報】にみなさんの「ブランディングの目的」を入力してください。【**Ｇ**-#出力形式】には箇条書きで10個表示するだけでなく、なぜそのような顧客層のイメージを生成したのか、理由も一緒に書き出すよう指示します。理由も同時に表示することで、何を根拠に顧客層のイメージを生

成したかわかり、生成内容に対する信頼性が高まります。また、不確かな情報が含まれるリスクも減らすことができます。

1-02 プロンプト例

 User

#目的
顧客層のイメージを明らかにします。

#依頼
{#入力情報##ブランディングの目的}からどのような顧客層が想定されるか明らかにしてください。

F #入力情報
##ブランディングの目的
###市場
チーズケーキの新製品開発ブランディング
###自社の歴史と経営理念
フランスで経験を積んだパティシエが、東京でチーズケーキ専門店を開業。厳選素材と独特の製法で評価され、女性層から支持を受け、現在3店舗を展開しています。企業理念としては「安心な原材料と安全な製法で四方良し（売り手、買い手、世の中、未来）」、「親子三代で語り継がれるスイーツの創造」、「おもてなしの心」を掲げています。
###経営の問題点
チーズケーキ専門店や全国チェーンのケーキ屋の増加、健康志向の高まりから、成長に行き詰まりを感じています。既存の商品に特異性がなく、飽きられるのではないかと懸念しています。
###取り組むべき課題
当社の特長である厳選素材と製法技術を活かし、健康志向と現代のライフスタイルに対応した新商品の開発に取り組む必要があります。これにより、独自性を高め、競合との差別化を図りたいと考えています。
###期待する効果
既存顧客との関係深化で固定ファン増加を期待し、成長率を8〜10%に回復させる効果を狙います。

ブランディングの対象
現在は、原材料にこだわり、おしゃれで見映えのするチーズケーキを販売し支持を集めています。その基本路線は変えずに「健康志向」を切り口とした「新しいチーズケーキ」を開発、投入します。

G #出力形式
想定される顧客層のイメージを10個箇条書きで挙げてください。
また、その理由も示してください。
あなたがブランド・マネージャーとして回答していることを示す大切な要素なので、必ず忘れないであなたの名前を表示するようにしてください。
出力はマークダウン形式でお願いします。

#出力形式フォーマット
#顧客層のイメージ
1. ** ‥ **
#理由:

1-02 ChatGPT の生成文章

 うしくん

顧客層のイメージ

1. **20〜30代の女性**：現在の主要顧客層であり、デザイン性と味に敏感です。
2. **健康志向の若年層**：健康的な食生活を求める若者です。
3. **家族連れ**：子どもから大人まで楽しめる健康的なスイーツを求めています。
4. **シニア層**：高品質で安全な食品を好む傾向があります。
5. **スイーツ愛好家**：新しい味やスタイルを求めています。
6. **フランス文化に興味がある顧客**：フランス式の製法や素材に魅力を感じます。
7. **SNSでトレンドを追う層**：見た目が魅力的なスイーツを好み、SNSで共有します。
8. **環境に配慮する消費者**：持続可能な原材料を使用した製品を選びます。
9. **贈答品を求める顧客**：特別な日の贈り物として高品質なスイーツを求めています。

10. **外国人観光客**：日本の特別なスイーツ体験を求めています。

理由：

1. **20〜30代の女性**：これまでの顧客基盤であり、スイーツ市場の主要な消費層のため。
2. **健康志向の若年層**：健康意識が高まる中、健康志向の製品に関心が高まっています。
3. **家族連れ**：安全で健康的な選択肢を求める家族市場が拡大している。
4. **シニア層**：品質と安全性を重視する傾向が強い。
5. **スイーツ愛好家**：常に新しい味や製品に興味を示す層。
6. **フランス文化に興味がある顧客**：フランス式の製法や素材への関心から。
7. **SNSでトレンドを追う層**：見た目の美しいスイーツはSNSでの共有に適しています。
8. **環境に配慮する消費者**：環境への配慮が消費者行動に影響を与えています。
9. **贈答品を求める顧客**：高品質で特別感のあるスイーツは贈り物に適しています。
10. **外国人観光客**：日本ならではのスイーツ体験を求める傾向があるため。
これらの顧客層に焦点を当てることで、ブランド戦略を更に効果的に展開し、市場での位置づけを強化できます。

1-02　考察ポイント

▶多くの視点が挙げられているか？
▶顧客層のイメージとして挙げられている理由が妥当かどうか？
▶ブランディングの目的と関連性はあるか？

1-02　生成結果の考察

　顧客層のイメージとしてこれまで考えていなかった層が見つかるかもしれません。たとえばビジネスギフトの可能性を考えてみてもいいかもしれません。理由を確認したうえで、現状の顧客層のイメージと異なる顧客層は削除していきましょう。

SECTION
1-03

3C分析をやってみよう②
（顧客分析）

▶ 消費者・顧客のイメージを掴んだら次は内面。
消費者・顧客のニーズ、不満、不安、不快などを把握する

　3C分析における顧客分析は、ブランドを顧客のニーズと合致させるために
あります。消費者・顧客の動向、ニーズ、嗜好、購買行動を理解することは、
自社の商品・サービスを適切に位置づけ、ターゲット市場を正確に特定する
ために欠かせません。また、顧客分析は競合との差別化を図るうえでの戦略
立案にも有効で、市場での成功を大きく左右します。

　先ほど生成された顧客層のイメージを基に、消費者・顧客の内面を分析し
ていきます。

　【 **H**−#入力情報 】には先ほど生成した顧客層のイメージ結果を入力しま
しょう。【 **I**−#出力形式フォーマット 】では、後ほど顧客のニーズを利用
することを考慮して、「cu」から始めて連番で表示するよう指示しました。

| 1-03 | プロンプト例 |

User

#目的
3C分析（Company、Customer、Competitor）の顧客（Customer）分
析を行います。

#依頼
{#入力情報##顧客層のイメージ}の顧客のニーズや不満、不安、不快、不
信、不備を示してください。

−#入力情報

顧客層のイメージ ◀ **1-02** 生成文章より引用（P70）

1. 20～30代の女性：現在の主要顧客層であり、デザイン性と味に敏感です。
2. 健康志向の若年層：健康的な食生活を求める若者です。
3. 家族連れ：子どもから大人まで楽しめる健康的なスイーツを求めています。
4. シニア層：高品質で安全な食品を好む傾向があります。
5. スイーツ愛好家：新しい味やスタイルを求めています。
6. フランス文化に興味がある顧客：フランス式の製法や素材に魅力を感じます。
7. SNSでトレンドを追う層：見た目が魅力的なスイーツを好み、SNSで共有します。
8. 環境に配慮する消費者：持続可能な原材料を使用した製品を選びます。
9. 贈答品を求める顧客：特別な日の贈り物として高品質なスイーツを求めています。
10. 外国人観光客：日本の特別なスイーツ体験を求めています。

出力形式
顧客のニーズを10個箇条書きで示してください。また、文末が「～いいのに」で終わるようにしてください。
次に、顧客の不満・不安・不快・不信・不備をそれぞれ5個箇条書きで提示してください。
出力する際は、{#出力形式フォーマット}のように顧客のニーズはcu-連番、不満はds-連番、不安はax-連番、不快はup-連番、不信はdt-連番、不備はdf-連番になるように出力してください。
あなたがブランド・マネージャーとして回答していることを示す大切な要素なので、必ず忘れないであなたの名前を表示するようにしてください。
出力はマークダウン形式でお願いします。

出力形式フォーマット
顧客
顧客のニーズ
 - **cu-1**:
 - **cu-2**:
 …
不満
 - **ds-1**:

```
    …
##不安
 - **ax-1**:
    …
##不快
 - **up-1**:
    …
##不信
 - **dt-1**:
    …
##不備
 - **df-1**:
    …
```

 うしくん

以下に顧客のニーズ、不満、不安、不快、不信、不備を示します。

顧客

顧客のニーズ

- **cu-1**: 20〜30代の女性がデザイン性と味の両方を兼ね備えたスイーツがもっとあればいいのに。
- **cu-2**: 健康的でありながらおいしいスイーツがもっと多ければいいのに。
- **cu-3**: 家族連れが子どもでも安心して食べられる無添加・自然派スイーツがもっとあればいいのに。
- **cu-4**: シニア層が噛みやすく消化に良いスイーツがもっとあればいいのに。
- **cu-5**: スイーツ愛好家が常に新しい味わいやコンセプトのスイーツがもっとあればいいのに。
- **cu-6**: フランス文化に興味がある顧客が本格的なフランススイーツがもっと手軽に楽しめればいいのに。
- **cu-7**: SNSでトレンドを追う層がSNS映えするユニークなスイーツが

もっとあればいいのに。

- **cu-8**: 環境に配慮する消費者がエコフレンドリーな包装のスイーツがもっとあればいいのに。
- **cu-9**: 贈答品を求める顧客が高級感のある特別なパッケージのスイーツがもっとあればいいのに。
- **cu-10**: 外国人観光客が地元の特色を活かしたユニークなスイーツがもっとあればいいのに。

不満

- **ds-1**: 食品添加物や保存料を使用しているスイーツに不満を感じている。
- **ds-2**: 高カロリーで健康に悪影響を及ぼすスイーツに不満を感じている。
- **ds-3**: 一部の顧客層のみをターゲットにしたスイーツ展開に不満を感じている。
- **ds-4**: 価格が高すぎて日常的に楽しめないスイーツに不満を感じている。
- **ds-5**: 地域限定や期間限定のスイーツにアクセスできないことに不満を感じている。

不安

- **ax-1**: 原材料の安全性や品質について不安を感じている。
- **ax-2**: 過度な糖分や脂肪分の健康への影響について不安を感じている。
- **ax-3**: アレルギー物質や食品添加物の使用に対する不安を感じている。
- **ax-4**: 長期間の保存に耐えるスイーツの新鮮さについて不安を感じている。
- **ax-5**: スイーツの製造過程や品質管理の透明性について不安を感じている。

不快

- **up-1**: 甘すぎる、または味が濃すぎるスイーツに不快感を抱いている。
- **up-2**: 包装材の過剰な使用や環境への配慮が不足していることに不快感を抱いている。
- **up-3**: 購入後のサポートやアフターサービスの不足に不快感を抱いている。
- **up-4**: 店舗の混雑や購入時の待ち時間の長さに不快感を抱いている。
- **up-5**: スイーツの種類が少ない、または多すぎることに不快感を抱いて

いる。

不信

- **dt-1**: 広告やパッケージの誇大表現に対して不信感を抱いている。
- **dt-2**: 原材料や製造過程の情報の不透明さに不信感を抱いている。
- **dt-3**: 口コミやレビューの信頼性に対して不信感を抱いている。
- **dt-4**: 製品の品質や価格の一貫性がないことに不信感を抱いている。
- **dt-5**: スタッフの対応や知識の不足による不信感を抱いている。

不備

- **df-1**: 商品の品切れや在庫不足に不備を感じている。
- **df-2**: オンラインショッピングの利用の難しさや不便さに不備を感じている。
- **df-3**: 商品の配送時の品質保持の問題に不備を感じている。
- **df-4**: 店舗のアクセシビリティや利便性の不備を感じている。
- **df-5**: 顧客サービスやアフターケアの不備を感じている。

これらの点を詳細に分析し、改善策を講じることが、顧客満足度を向上させ、ブランドの信頼を高めるために不可欠です。

1-03 考察ポイント

▶具体的なニーズや不満等が明確に把握されているか？
▶それがどのようにブランディングの目的と結びついているか？
▶得られた情報は具体的か？

1-03 生成結果の考察

　生成された内容は市場の具体的なニーズと不満をうまく捉えています。特に年代やライフスタイルによって細分化された要望が明確で、製品開発やマーケティング戦略に役立つ洞察が得られます。また、健康志向やオーガニック、

SNSのトレンドを追う層など、現代の消費状況を的確に反映している点も評価できます。

　顧客分析は単に情報を収集するだけでなく、そのデータを戦略的に活用し、市場機会を見つけ出すためにも有効です。消費者・顧客の深層にあるニーズや欲求を掘り下げ、それを商品・サービスのポジショニングに生かすことがブランドの市場での成功を左右します。これらのニーズや不満等の仮説から市場調査を行い、消費者・顧客の声を直接聞き、商品・サービスの改善に反映させることも重要です。

3C分析 顧客のニーズを絞り込む

　すべての顧客のニーズに対応すると、競合との違いを明確にするのが難しくなります。特定のニーズに注目することで、顧客や市場に対する洞察を深め、自社の強みを活かした「市場機会の仮説」の作成が可能になります。

　顧客のニーズを絞り込む際は、自社の歴史と経営理念、経営の問題点、ブランディングの対象など、様々な視点で検討する必要があります。

　今回は【F-#入力情報】「ブランディングの対象」（P70参照）で設定した「『健康志向』を切り口とした『新しいチーズケーキ』を開発する」の視点から、顧客のニーズ「健康的でありながら美味しいスイーツがもっと多ければいいのに。（cu-2）」を選びました。

3C分析をやってみよう③
（直接競合分析）

▶ 競合分析には「直接競合分析」と「間接競合分析」の2種類がある

顧客分析の次は競合分析です。

競合には「直接競合」と「間接競合」の2つが存在します。直接競合とは顧客分析で注目したニーズを満たし、想定する消費者・顧客の比較対象になる同一カテゴリーの企業・商品・サービスのこと。

間接競合は同じニーズを満たす別カテゴリーの企業・商品・サービスです。たとえば自社と同じ業種・業界でなくても消費者・顧客のニーズを満たす商品・サービスを提供している企業は間接競合になります。想定していないような企業が競合になるケースは少なくないので、間接競合についてもしっかり確認する必要があります。

競合分析をする際、具体的な直接競合を設定しても競合についての詳しい情報を持っておらず、強みも弱みもわからない場合があります。さらに間接競合となると、どの企業を設定していいかすら迷うことがあります。

ChatGPTを活用すると直接競合の情報を探してくれるだけでなく、競合分析をする際に重要な項目も教えてくれます。間接競合については、なるほどと思える別カテゴリーのブランドを示してくれることも多く、自社のブランドづくりの参考になります。

ここでは最初に直接競合の分析を行いましょう。

自社の直接競合はどこでしょうか？　想定される直接競合の企業名、ブランド名を思い浮かべてください。その企業、ブランドの情報を確認しましょう。【 **J**－＃入力情報 】の【 **K**－＃競合企業名 】には、みなさんが想定した直接競合の企業名を入力してください。今回は「全国展開している洋菓子店」としました。ChatGPTはWebサイトへのアクセスが可能なので「企業のホームページやニュースサイトの情報を参考にしてください。」と記し、URLを指定することもできます。あなたが他に知りたい情報があれば付け加えましょう。

【**L**–#依頼】には競合について調べるポイント（財務情報等）を入力します。あと ChatGPT はわからないことでも無理やり文章を生成してしまうため、誤情報を表示しないよう「わからないことはわからないと回答してください。」と指示しました。もしあなた自身が知っている直接競合の強みと弱みの情報があれば【**J**–#入力情報】に書き加えましょう。

1-04 プロンプト例

 User

#目的
3C分析（Company、Customer、Competitor）の競合（Competitor）分析を行います。

L– #依頼
直接競合企業である{#入力情報##競合企業名}はどのような会社でしょうか。
下記について企業のホームページやニュースサイトの情報を参考にわかる範囲で回答してください。
わからないことはわからないと回答してください。
・財務情報
・業績情報
・市場・業界状況（市場規模や市場シェア）
・企業文化と価値観
・ミッション・ビジョン・バリュー
・ビジネスモデル
・中長期的な戦略と目標
・過去の戦略とその実績
・プロセスとオペレーション（サプライチェーン管理、品質管理、業務プロセス）
・テクノロジーとイノベーション（R&D（研究開発）の状況、テクノロジーの導入と活用状況、特許、知的財産）
・顧客満足度（従業員満足度、パートナーシップとアライアンス）

J– #入力情報

K ## 競合企業名
全国展開している洋菓子店
競合企業のURL
https://○○○.jp
ニュースサイト
https://○○○.jp

#出力形式
あなたがブランド・マネージャーとして回答していることを示す大切な要素なので、必ず忘れないであなたの名前を表示するようにしてください。出力はマークダウン形式でお願いします。

#出力形式フォーマット
財務情報：
業績情報：
市場・業界状況：

プロンプトの中でURLや外部サイトを参照するよう指示を出すと、下記のような表示が出て、外部サイトの情報を収集し、結果を生成してくれます。

> ChatGPT
>
> 訪問中 www.○○○.co.jp

どのような結果が生成されたでしょうか？　ChatGPTですべての情報を得ることはできないので、得られた情報を参考にしつつ、そこにみなさんが独自に収集した情報を加えていくことが必要です。

1-04 ChatGPTの生成文章

 うしくん

競合○○に関して、利用可能な情報から以下の点がわかりました。
財務情報：競合○○の資本金は○○○○万円です。

業績情報：2023年3月期の売上高は○○億円で、連結対象は菓子（国内外）、ホテル、ゴルフ場などです。

市場・業界状況：競合○○は菓子を中心に、ホテル、ゴルフなど多角的な事業を展開しています。

企業文化と価値観、ミッション・ビジョン・バリュー、ビジネスモデル、中長期的な戦略と目標、過去の戦略とその実績、プロセスとオペレーション、テクノロジーとイノベーション、顧客満足度：これらの情報については、利用可能な情報からは明確な詳細を確認することができませんでした。

これらの情報は競合○○の公式サイトや公開されている情報に基づいています。更なる詳細情報については、企業の公式発表や報告書、専門的な業界分析を参照する必要があります。

今回のプロンプトでは競合○○としていますが、実際は直接競合を特定したうえで、その企業のWebサイトなど公開されている情報を設定してください。

3C分析をやってみよう④
（直接競合の強みと弱み）

▶ 直接競合がわかったら、それぞれの強みと弱みを分析する

　次に先ほど得られた直接競合の情報とみなさんの持つ情報を加えて、直接競合の強みと弱みを分析しましょう。

　【 **M**-#入力情報 】に競合企業の情報を追加します。この部分にみなさんの持っている情報を加えてください。顧客のニーズはP77で絞り込んだ顧客のニーズを入力してください。【 **N**-#出力形式フォーマット 】では今後直接競合の強み、弱みを利用することを考えて、強みは「dct」から、弱みは「dco」から始めて連番で表示するよう指示しました。

1-05 | **プロンプト例**

👤 **User**

#目的
3C分析（Company、Customer、Competitor）の競合（Competitor）分析を行います。

#依頼
直接競合企業である{#入力情報##競合企業名}は、{#入力情報##顧客層のイメージ}の{#入力情報##顧客のニーズ}に対し、企業のホームページやニュースサイトの情報を参考にどのような強み・弱みを持つか。
それぞれ200文字以上で示してください。

-#入力情報
##顧客層のイメージ ◀ **1-02** **生成文章より引用**（P70）
1. 20～30代の女性：現在の主要顧客層であり、デザイン性と味に敏感です。
2. 健康志向の若年層：健康的な食生活を求める若者です。

3. 家族連れ：子どもから大人まで楽しめる健康的なスイーツを求めています。

4. シニア層：高品質で安全な食品を好む傾向があります。

5. スイーツ愛好家：新しい味やスタイルを求めています。

6. フランス文化に興味がある顧客：フランス式の製法や素材に魅力を感じます。

7. SNSでトレンドを追う層：見た目が魅力的なスイーツを好み、SNSで共有します。

8. 環境に配慮する消費者：持続可能な原材料を使用した製品を選びます。

9. 贈答品を求める顧客：特別な日の贈り物として高品質なスイーツを求めています。

10. 外国人観光客：日本の特別なスイーツ体験を求めています。

顧客のニーズ ◀ 1-03 生成文章より引用（P74）

健康的でありながらおいしいスイーツがもっと多ければいいのに。（cu-2）

自社

業界

ケーキ・スイーツ業界

ブランディングの対象

チーズケーキ

競合企業名

全国展開している洋菓子店

出力形式

出力する際は、{#出力形式フォーマット}のように強みは、dct-連番、弱みはdco-連番になるように出力し、それぞれ5個提示してください。

あなたがブランド・マネージャーとして回答していることを示す大切な要素なので、必ず忘れないであなたの名前を表示するようにしてください。

出力はマークダウン形式でお願いします。

N — #出力形式フォーマット

直接競合企業の強み

- **dct-1**: 強み
- **dct-2**: 強み
- ・・・・

直接競合企業の弱み

- **dco-1**: 弱み

```
- **dco-2**: 弱み
. . . .
```

1-05 **ChatGPTの生成文章**

 うしくん

以下は、直接競合企業である全国展開している洋菓子店が、特定の顧客層のニーズに対する強みと弱みに関する分析です。

直接競合企業：全国展開している洋菓子店

直接競合企業の強み

- **dct-1**: 幅広いターゲット層 - 全国展開している洋菓子店は多様なスイーツを提供しているため、25～40歳の女性から高所得者、ギフト購入者まで幅広い顧客層に対応しています。
- **dct-2**: 透明性と信頼性 - 全国展開している洋菓子店は原材料と製法についての情報を明確にしており、これが「原材料や製法についての透明性が高ければいいのに」というニーズに直接応えています。
- **dct-3**: フランス文化・料理愛好者へのアピール - フランスの伝統的なスイーツもラインナップに含まれているため、フランス文化・料理愛好者に特に強い魅力を持たれています。
- **dct-4**: 子どもを持つ家庭への配慮 - 全国展開している洋菓子店は親子で楽しめるスイーツも提供しているため、子どもを持つ家庭からの支持も高い。
- **dct-5**: インスタグラマー向けの製品 - 全国展開している洋菓子店は見映えが良く、SNSでの共有価値が高い商品を多数取り扱っています。

直接競合企業の弱み

- **dco-1**: 高所得者へのアピール不足 - 全国展開している洋菓子店の商品は比較的手頃な価格が多く、厳選された高級素材を使用した製品は少ないため、高所得者には十分な魅力を持っていない可能性があります。
- **dco-2**: 健康志向への対応不足 - 全国展開している洋菓子店は多くの場合、砂糖やバターなどの高カロリー成分を多用するため、健康志向の人々には

魅力が少ない可能性があります。

- **dco-3**: エコ意識への対応 - 環境に配慮した製品や包装が少ないため、エコ意識の高い人々には魅力が少ない可能性があります。

- **dco-4**: 限定品・新製品ハンターへのアピール - 全国展開している洋菓子店は伝統的な製品に重点を置いているため、新製品や限定品に興味を持つ層には十分な魅力を持っていない可能性があります。

- **dco-5**: ギフトオプションの制限 - 全国展開している洋菓子店の商品は手頃な価格帯が多いため、高級なギフトとしては選ばれにくい可能性があります。

以上の分析から、全国展開している洋菓子店は多くの顧客層に対して一定の強みを持っていますが、高所得者、健康志向の人々、エコ意識の高い人々などには明確な弱点があります。これらを我々のチャンスと見るべきでしょう。

1-05　考察ポイント

▶同じカテゴリーの主要な競合企業や製品が認識できているか？

▶競合の市場ポジションや戦略が詳細に分析されているか？

▶競合製品の特性が品質、価格、販売戦略の点で比較分析され、それぞれの強みと弱みが明確に識別されているか？

▶競合企業の市場シェアや成長動向が説明されているか？

1-05　生成結果の考察

　今回直接競合の相手に設定したのは「全国展開する洋菓子店」と曖昧です。ここに企業の具体名を入れると更に詳細な分析が得られます。今回は競合の広範な店舗ネットワーク、多様な商品ラインナップ、高いブランド認知度といった強みと、地域特性への対応不足や一貫性の欠如、革新的な製品開発の不足という弱みが具体的に分析されています。

　一方で見直すべき点もあります。競合の市場ポジションや戦略に関する詳細が不足しており、競合製品の品質、価格、販売戦略の詳しい比較分析が欠

けています。また、競合の市場シェアや成長動向に関する具体的なデータが不足しており、市場内の競合の影響力や成長の方向性があまり把握できません。これらの点について再度指示を与えることで、競合に関する理解を深め、より効果的なブランド構築を行うことができます。

3C分析をやってみよう⑤
（間接競合の特定）

> ▶ 間接競合を分析する前に、
> 「そもそもどんな企業が間接競合にあたるのか?」を調査

準備編

1 PART

2 PART

3 PART

実践編

1 STEP

2 STEP

3 STEP

4 STEP

5 STEP

　直接競合の強みと弱みが明らかになったので、次は間接競合です。間接競合はどんな企業、ブランドになるのでしょうか。まずは間接競合を特定するための質問を作成しましょう。

　ここでは【 **0**－#依頼 】に「消費者・顧客のどんなニーズに注目するか？」と入れました。間接競合となるブランドや企業を特定するために大切なのは、消費者・顧客のどのようなニーズを満たすかです。そのため顧客のニーズを特定する質問を最初にするように設定しています。

　【 **P**－#出力形式 】ではこれまでと同様、質問だけでは質問の意図がわからないため、質問をする理由と回答例を示すよう指示しました。

1-06　プロンプト例

User

#目的
3C分析（Company、Customer、Competitor）の競合（Competitor）分析を行います。

0－#依頼
自社の業界は{#入力情報##自社###業界}です。
自社のブランディングの対象は{#入力情報##自社###ブランディングの対象}です。
顧客は、{#入力情報##顧客層のイメージ} です。
間接競合企業を明らかにしていくために、{#入力情報##顧客層のイメージ}のどのニーズに注目しますか。
{#目的}を達成するために、ブランド・マネージャーとして質問を考えて

ください。

質問として、どのような質問が考えられますか。

5つの質問を挙げてください。

ただし、最初の質問は「顧客のどんなニーズに注目するか？」としてください。

#入力情報

##顧客層のイメージ ◀━ **1-02 生成文章より引用（P70）**

1. 20〜30代の女性：現在の主要顧客層であり、デザイン性と味に敏感です。

2. 健康志向の若年層：健康的な食生活を求める若者です。

3. 家族連れ：子どもから大人まで楽しめる健康的なスイーツを求めています。

4. シニア層：高品質で安全な食品を好む傾向があります。

5. スイーツ愛好家：新しい味やスタイルを求めています。

6. フランス文化に興味がある顧客：フランス式の製法や素材に魅力を感じます。

7. SNSでトレンドを追う層：見た目が魅力的なスイーツを好み、SNSで共有します。

8. 環境に配慮する消費者：持続可能な原材料を使用した製品を選びます。

9. 贈答品を求める顧客：特別な日の贈り物として高品質なスイーツを求めています。

10. 外国人観光客：日本の特別なスイーツ体験を求めています。

##自社

###業界

ケーキ・スイーツ業界

###ブランディングの対象

チーズケーキ

P━ #出力形式

5つの質問とその質問をする理由、および、回答例を示してください。

あなたがブランド・マネージャーとして回答していることを示す大切な要素なので、必ず忘れないであなたの名前を表示するようにしてください。

出力はマークダウン形式でお願いします。

#出力形式フォーマット

##質問1: 顧客のニーズ

-*顧客のどんなニーズに注目するか？
-*理由：
-*回答例：
##質問2：・・・・
-*・・・・

1-06　ChatGPTの生成文章

 うしくん

以下は、間接競合分析に関連する質問リストです。これらの質問を通じて、顧客層のニーズとその他カテゴリーのブランドとの関連性を明らかにし、強化すべき戦略を策定することが目的です。

質問1: 顧客のニーズ

- 顧客のどんなニーズに注目するか？
- 理由：この質問は、顧客層のイメージを理解し、それぞれのニーズを特定するために不可欠です。若い女性層から高級スイーツを好む消費者まで、各顧客層の具体的なニーズを把握することで、間接競合企業との差別化を図り、ブランド戦略を練るための基盤を築きます。
- 回答例：たとえば、若い女性層は見た目が華やかでSNS映えするスイーツを求めているかもしれませんし、健康志向の消費者はカロリーや糖質が低い、健康的なオプションを探している可能性があります。

質問2: 間接競合企業との比較

- 当社のチーズケーキと他カテゴリーの製品を比較した場合、どのような点で競合していると感じますか？
- 理由：顧客が当社のチーズケーキを選ぶ代わりにほかのスイーツや製品を選ぶ理由を理解することは、市場内でのポジショニングと差別化戦略を策定するうえで重要です。他カテゴリーの製品との比較を通じて、当社製品の独自性や改善点を明確にすることができます。
- 回答例：たとえば、当社のチーズケーキはフランススイーツを好む消費者にとって魅力的かもしれませんが、低カロリーを求める健康志向の消費

者にはフルーツベースのデザートが競合する可能性があります。

質問3: ブランドイメージの認識

- 顧客は、当社のチーズケーキにどのようなイメージを持っていますか?
- 理由:顧客が持つブランド・イメージは、購買決定に大きな影響を与えます。顧客が当社のチーズケーキに対してどのような感情や認識を持っているかを理解することで、ブランディングの方向性を見極め、適切なコミュニケーション戦略を立てることができます。
- 回答例:たとえば、若い女性層は当社のチーズケーキをおしゃれでモダンなイメージで見ているかもしれません。また、エシカルな消費を意識する消費者は、当社の環境に対する取り組みや原材料の選定に注目している可能性があります。

質問4: 特別な日の需要

- 特別な日やギフト需要において、当社のチーズケーキがほかの選択肢と比較してどのように認識されていますか?
- 理由:ギフトや特別な日に関するニーズは、一般の日常消費とは異なる特性を持っています。この質問を通じて、当社の製品がこの特定の市場セグメントにおいてどのような立ち位置にあるのかを把握し、マーケティングや製品開発の方向性を決定することができます。
- 回答例:当社のチーズケーキは、ギフトや記念日のお祝いに適した高品質な選択として認識されているかもしれませんが、ほかの高級チョコレートやカスタマイズ可能なケーキとの競合を考慮する必要があります。

質問5: 新たな顧客層の開拓

- 当社のチーズケーキを通じて新たな顧客層を開拓するには、どのようなアプローチが有効だと思いますか?
- 理由:既存の顧客基盤を維持しつつ、新たな顧客層へのアプローチは、市場の拡大とブランドの成長に不可欠です。異なるニーズや嗜好を持つ新たな顧客層を理解し、彼らにアピールするための戦略を立てることが重要です。
- 回答例:たとえば、健康志向の消費者をターゲットにした低カロリー、糖

質オフのバリエーションを開発することや、若い消費者に向けた限定フレーバーやコラボレーションを実施することが考えられます。

1-06 考察ポイント

▶間接競合を特定する質問は、市場の実情や消費者・顧客のニーズを正確に把握したものになっているか?

1-06 生成結果の考察

　生成された質問は市場の理解と顧客ニーズの特定に焦点を当てており、この点は問題ありません。たとえば【質問1】は、顧客層のニーズを明確に理解することを目的としています。【質問2】は他カテゴリーの商品・サービスとの比較を通して、商品・サービスの独自性や改善点を探ることに重点を置いています。これは間接競合を理解するうえで効果的です。【質問3】はブランド・イメージに焦点を当て、消費者・顧客がどのように商品・サービスを見ているか探っています。これはブランド戦略の方向性を見極めるのに役立ちます。

　一方でこれらの質問には改善の余地もあります。特に間接競合を具体的に特定するには、市場内の他のプレイヤーや代替商品・サービスに関する直接的な質問が必要です。たとえば「他のスイーツカテゴリーや異なる業種の商品・サービスと比較して、自社のチーズケーキはどのように位置付けられているか?」「消費者・顧客が他の選択肢をどのような状況で選ぶのか?」など具体的な質問が考えられます。これにより市場の動向や競合他社との関係性をより深く理解し、効果的な戦略を立てることができます。

3C分析をやってみよう⑥
（間接競合のブランド特定）

▶ 間接競合を特定する質問を使用して、
間接競合のブランドを具体的に特定する

　前項の質問から一歩進んで、今度は間接競合の具体的なブランドを特定しましょう。

　まず【**Q**ー#入力情報】に先ほど生成した5つの質問を入力します。そこに【**R**ー#ルール】を追加します。ルールの中で、1問ずつ質問してみなさんの回答を待つように「USER:」を使って指示しました。このルールが適用されることで、【質問1】を回答すれば【質問2】が表示され、【質問5】が終了するまで質問が続くことになります。

1-07　プロンプト例

 User

#目的
3C分析（Company、Customer、Competitor）の競合（Competitor）分析を行います。
その中でも間接競合企業を明らかにしていくために、顧客のどのニーズに注目するか。また、そのニーズが発生した際に、顧客が思い浮かべる別カテゴリーのブランドをピックアップします。

#依頼
間接競合となる企業を特定するために、私と対話をしてください。
あなたは{#入力情報##質問}の5つの質問を{#ルール##質問方法}のとおりに質問してください。
また、質問には回答例を示してください。

Qー#入力情報

質問 → 1-06 生成文章より引用（P89）

質問1: 顧客のニーズ

- 顧客のどんなニーズに注目するか？
- 理由：この質問は、顧客層のイメージを理解し、それぞれのニーズを特定するために不可欠です。若い女性層から高級スイーツを好む消費者まで、各顧客層の具体的なニーズを把握することで、間接競合企業との差別化を図り、ブランド戦略を練るための基盤を築きます。
- 回答例：たとえば、若い女性層は見た目が華やかでSNS映えするスイーツを求めているかもしれませんし、健康志向の消費者はカロリーや糖質が低い、健康的なオプションを探している可能性があります。

質問2: 間接競合企業との比較

- 当社のチーズケーキと他カテゴリーの製品を比較した場合、どのような点で競合していると感じますか？
- 理由：顧客が当社のチーズケーキを選ぶ代わりにほかのスイーツや製品を選ぶ理由を理解することは、市場内でのポジショニングと差別化戦略を策定するうえで重要です。他カテゴリーの製品との比較を通じて、当社製品の独自性や改善点を明確にすることができます。
- 回答例：たとえば、当社のチーズケーキはフランススイーツを好む消費者にとって魅力的かもしれませんが、低カロリーを求める健康志向の消費者にはフルーツベースのデザートが競合する可能性があります。

質問3: ブランド・イメージの認識

- 顧客は、当社のチーズケーキにどのようなイメージを持っていますか？
- 理由：顧客が持つブランド・イメージは、購買決定に大きな影響を与えます。顧客が当社のチーズケーキに対してどのような感情や認識を持っているかを理解することで、ブランディングの方向性を見極め、適切なコミュニケーション戦略を立てることができます。
- 回答例：たとえば、若い女性層は当社のチーズケーキをおしゃれでモダンなイメージで見ているかもしれません。また、エシカルな消費を意識する消費者は、当社の環境に対する取り組みや原材料の選定に注目している可能性があります。

質問4: 特別な日の需要

- 特別な日やギフト需要において、当社のチーズケーキがほかの選択肢と比較してどのように認識されていますか？
- 理由：ギフトや特別な日に関するニーズは、一般の日常消費とは異なる特性を持っています。この質問を通じて、当社の製品がこの特定の市場セ

グメントにおいてどのような立ち位置にあるのかを把握し、マーケティングや製品開発の方向性を決定することができます。

- 回答例：当社のチーズケーキは、ギフトや記念日のお祝いに適した高品質な選択として認識されているかもしれませんが、ほかの高級チョコレートやカスタマイズ可能なケーキとの競合を考慮する必要があります。

質問5: 新たな顧客層の開拓

- 当社のチーズケーキを通じて新たな顧客層を開拓するには、どのようなアプローチが有効だと思いますか？

- 理由：既存の顧客基盤を維持しつつ、新たな顧客層へのアプローチは、市場の拡大とブランドの成長に不可欠です。異なるニーズや嗜好を持つ新たな顧客層を理解し、彼らにアピールするための戦略を立てることが重要です。

- 回答例：たとえば、健康志向の消費者をターゲットにした低カロリー、糖質オフのバリエーションを開発することや、若い消費者に向けた限定フレーバーやコラボレーションを実施することが考えられます。

R # ルール

質問方法

質問は1問ずつしてください。

質問1:

- 顧客のどんなニーズに注目しますか？

回答例：・・・

USER：

私の回答が終わったら質問2をしてください。

出力形式

5つの質問が終わったら、想定されるブランド名を10例挙げてください。

また、その企業が、質問1の顧客のニーズを満たす別カテゴリーのブランドといえる理由を教えてください。

あなたがブランド・マネージャーとして回答していることを示す大切な要素なので、必ず忘れないであなたの名前を表示するようにしてください。

出力はマークダウン形式でお願いします。

出力形式フォーマット

1. **ブランド**：・・・・

-*理由：・・・・
2. **ブランド**：・・・・
-*理由：・・・・

1-07 ChatGPT の生成文章

 うしくん：

ありがとうございます。いただいた回答をもとに、次のステップとして想定される間接競合となる企業を特定します。

間接競合となる企業の特定

1. ヘルスフードストアやオーガニックスーパー

- 理由：これらの店舗は、健康志向の高い消費者に低カロリー、高栄養価の食品を提供しており、当社の健康志向のチーズケーキと競合する可能性があります。

2. スポーツサプリメントブランド

- 理由：スポーツサプリメントブランドは、健康とウェルネスを重視する消費者に向けて栄養価の高い製品を提供しており、これもまた当社のターゲット市場と重なります。

3. グルテンフリーおよびビーガン製品を提供するカフェ

- 理由：特定の食事制限を持つ消費者を対象としたこれらのカフェは、健康志向の顧客が求める代替食品を提供しており、当社の製品と間接的に競合します。

4. フルーツベースのデザートブランド

- 理由：低カロリーで健康的なデザートを提供するこれらのブランドは、特に夏季に若年層から高い人気を誇ります。

5. 高級チョコレートブランド

- 理由：特別な日のギフトとして高級チョコレートは、当社のチーズケーキと同様に贈答品市場で人気があります。

6. カスタマイズ可能なケーキブランド

- 理由：顧客が特別なニーズに応じてカスタマイズできるケーキは、当社のチーズケーキと直接競合する可能性があり、特にギフト需要において競争が激しいです。

7. 季節限定スイーツを提供するカフェやレストラン

- 理由：季節限定のアイテムは顧客の関心を引くため、当社も同様の戦略を採用することで新しい顧客層を引きつけることができます。

8. フードデリバリーサービス

- 理由：家での消費が増える中、フードデリバリーサービスと提携することで新たな市場を開拓できる可能性があります。

9. コンビニエンスストア

- 理由：コンビニエンスストアはその利便性、広範囲な商品オファー、および即時購入の可能性により、チーズケーキを含む多様なスイーツ市場で間接的に競合します。低価格と高アクセシビリティは、特に手軽に何かを食べたいと考える顧客にとって魅力的です。また、健康志向の商品や季節限定商品の提供は、健康志向の消費者やイベント時の需要に応える形で競合しています。

10. 生活雑貨ブランドが展開するカフェ

- 理由：生活雑貨ブランドが運営するカフェでは、スタイリッシュでモダンな雰囲気の中で特別なスイーツを提供しており、特に若い女性層から支持を受けています。

これらの企業との比較を通じて、市場における自社の位置付けを再評価し、ブランディング戦略を練り直すことが重要です。

1-07 考察ポイント

▶想定された競合は実際に自社と同じ顧客層を対象にしているか？
▶自社と競合企業の商品・サービスがどの程度機能的に似ているか？
▶競合は市場のニーズやトレンドにどのように対応しているか？

1-07　生成結果の考察

　健康志向のチーズケーキを提供する当社と重複する顧客層を持つ企業がいくつか存在します。特にヘルスフードストアやオーガニックスーパー、スポーツサプリメントブランド、グルテンフリーやビーガン製品を提供するカフェは、健康とウェルネスを重視する消費者に向けて製品を提供しており、当社のターゲット市場と重なる部分が多いです。これらの業界は健康志向の市場ニーズに直接応えることで、当社の製品と間接的に競合する可能性があります。

　一方、フルーツベースのデザートブランドや高級チョコレートブランドは、特定の季節や贈答用市場で人気がありますが、日常的に健康を意識する消費者のニーズとは異なるため、間接競合企業としての影響は限定的です。カスタマイズ可能なケーキブランドや季節限定スイーツを提供するカフェ、生活雑貨ブランドが展開するカフェは、特定のニーズやライフスタイルにマッチした製品を提供しており、当社とは異なるセグメントをターゲットにしています。

　フードデリバリーサービスやコンビニエンスストアは、便利さとアクセシビリティを武器に広範な顧客層を引きつけていますが、これらのサービスが提供する健康志向の製品の範囲と品質は、当社が提供する専門的なチーズケーキとは異なります。ただし、これらの企業が健康志向の商品を拡充する動きは注視する必要があり、市場ニーズに応じた対策を講じることが重要です。

　総合的に見ると、ヘルスフードストアやオーガニックスーパー、特定の食事制限に対応するカフェが最も重要な間接競合企業として認識されます。これらの企業との競合に対抗するためには、当社の製品の独自性を強化し、マーケティング戦略を更に練り上げることが求められます。

3C分析をやってみよう⑦
（間接競合の強みと弱み）

▶ 特定された間接競合のブランドを基に、
　間接競合の強みと弱みを分析してみる

　間接競合となる具体的ブランドを特定したら、今後はそのブランドの強み
と弱みを分析しましょう。

　まず【**S**−#入力情報】に自社の情報を入力します。【**T**−##競合企業名】
には前回生成した企業の名前などを入力してください。今回は様々なチーズ
ケーキが手軽に手に入り、自社の市場と競合すると考えて「コンビニエンス
ストア」を設定しました。【**U**−##顧客層のイメージ】【**V**−##顧客のニー
ズ】には以前生成した情報を設定しましょう。【**W**−#出力形式フォーマッ
ト】ですが、間接競合の強みと弱みは後で利用しますので、強みは「ict」か
ら、弱みは「ico」から始めて連番で表示するよう指示しています。

　5つほど質問しておくとよいでしょう。

1-08　プロンプト例

User

#目的
3C分析（Company、Customer、Competitor）の競合（Competitor）
分析を行います。

#依頼
間接競合企業である{#入力情報##競合企業名}の{#入力情報##顧客層
のイメージ}の{#入力情報##顧客のニーズ}に対する強み・弱みを明らか
にしてください。

S−#入力情報
　##自社

業界

ケーキ・スイーツ業界

ブランディングの対象

チーズケーキ

T ## 競合企業名 ◀ **1-07** 生成文章より引用（P95）

コンビニエンスストア

U ## 顧客層のイメージ ◀ **1-02** 生成文章より引用（P70）

1. 20〜30代の女性：現在の主要顧客層であり、デザイン性と味に敏感です。
2. 健康志向の若年層：健康的な食生活を求める若者です。
3. 家族連れ：子どもから大人まで楽しめる健康的なスイーツを求めています。
4. シニア層：高品質で安全な食品を好む傾向があります。
5. スイーツ愛好家：新しい味やスタイルを求めています。
6. フランス文化に興味がある顧客：フランス式の製法や素材に魅力を感じます。
7. SNSでトレンドを追う層：見た目が魅力的なスイーツを好み、SNSで共有します。
8. 環境に配慮する消費者：持続可能な原材料を使用した製品を選びます。
9. 贈答品を求める顧客：特別な日の贈り物として高品質なスイーツを求めています。
10. 外国人観光客：日本の特別なスイーツ体験を求めています。

V ## 顧客のニーズ ◀ **1-03** 生成文章より引用（P74）

- cu-1: 20〜30代の女性がデザイン性と味の両方を兼ね備えたスイーツがもっとあればいいのに。
- cu-2: 健康的でありながらおいしいスイーツがもっと多ければいいのに。
- cu-3: 家族連れが子どもでも安心して食べられる無添加・自然派スイーツがもっとあればいいのに。
- cu-4: シニア層が噛みやすく消化に良いスイーツがもっとあればいいのに。
- cu-5: スイーツ愛好家が常に新しい味わいやコンセプトのスイーツがもっとあればいいのに。
- cu-6: フランス文化に興味がある顧客が本格的なフランススイーツがもっと手軽に楽しめればいいのに。
- cu-7: SNSでトレンドを追う層がSNS映えするユニークなスイーツがもっとあればいいのに。
- cu-8: 環境に配慮する消費者がエコフレンドリーな包装のスイーツがもっとあればいいのに。

- cu-9: 贈答品を求める顧客が高級感のある特別なパッケージのスイーツがもっとあればいいのに。
- cu-10: 外国人観光客が地元の特色を活かしたユニークなスイーツがもっとあればいいのに。

#出力形式
強みと弱みをそれぞれ箇条書きで5つ表示し、200文字以上で示してください。
出力する際は、{#出力形式フォーマット}のように強みは、ict-連番、弱みはico-連番になるように出力してください。
あなたがブランド・マネージャーとして回答していることを示す大切な要素なので、必ず忘れないであなたの名前を表示するようにしてください。
出力はマークダウン形式でお願いします。

W— #出力形式フォーマット
##間接競合企業の強み
 -*ict-1:強み
 -*ict-2:強み
・・・・
##間接競合企業の弱み
 -*ico-1:弱み
 -*ico-2:弱み
・・・・

1-08 ChatGPTの生成文章

 うしくん

間接企業（コンビニエンスストア）の強みと弱みについて、以下のように分析します。

間接競合企業の強み

- ict-1: 広範囲に店舗があるためアクセスしやすい。
- ict-2: 様々なニーズに応える商品の多様性。

- ict-3: 価格が手頃で購入しやすい。
- ict-4: 24時間営業であるため、時間を気にせず購入可能。
- ict-5: 定期的な新製品の導入で、限定品や新製品ハンターにアピール。

間接競合企業の弱み

- ico-1: 商品の健康志向が不十分で、カロリーや糖分が控えめな健康的な
スイーツの選択肢が少ない。
- ico-2: トレンドに合わせたデザインやフレーバーのチーズケーキが限ら
れている。
- ico-3: エシカルに製造されたスイーツの選択肢が少なく、エコ意識の高
い人には不十分。
- ico-4: ギフト用途に適したエレガントなパッケージングが不足している。
- ico-5: 季節ごとの限定フレーバーやデザインが頻繁ではなく、新製品ハ
ンターには物足りない。

コンビニエンスストアは利便性や価格の面で強みを持っていますが、健康
志向やトレンドに敏感な顧客層、エシカルな消費を重視する層、特定の高
級志向の顧客ニーズには十分応えていないと考えられます。これらの点は、
自社のブランディングや商品開発において重要な差別化要因となり得ます。

1-08 考察ポイント

▶ 自社商品・サービスと同様のニーズを満たす可能性のある他社商品・サー
ビスを特定できているか？

▶ 現在のトレンドや消費者行動の変化を考慮して間接競合を見定めている
か？

▶ 自社商品・サービスの代替となり得る幅広い範囲の商品・サービスが識別
できているか？

1-08 生成結果の考察

今回は競合相手としてコンビニエンスストアを選びました。強みの部分で

は、コンビニエンスストアの利便性、商品の多様性、価格の手頃さ、24時間営業といった要素が的確に指摘されています。

　一方、弱みについては、健康志向の商品の不足、トレンドに即したデザインの限定性、エシカルな生産に関する選択肢の欠如など挙げられていますが、これらのポイントはやや一般的です。分析の精度を高めるには、具体的な市場データや実際の消費者・顧客の声といったフィードバックに基づいた考察を加えるとよいでしょう。

3C分析をやってみよう⑧
（自社分析）

> ▶ 3C分析の最後。灯台下暗しでバイアスの掛かりやすい自社分析に ChatGPTは有効

準備編

PART 1

PART 2

PART 3

実践編

STEP 1

STEP 2

STEP 3

STEP 4

STEP 5

　次は「自社分析」で自社の特徴を明らかにしていきます。

　そもそも自ら行う自社分析には、強みや弱みに対する思い込みが潜んでいる可能性があるので、特徴を把握するのは難しいことです。

　そんな時、意外に役立つのが他人からの質問です。たとえばプロジェクトの進行状況について同僚から質問を受けたとします。その質問に答える過程で「あれ？　ここは自分が得意としているところなのか」と気付く場合があります。逆に「ここはもっとしっかりと対策を考えないと」と気付かされる瞬間もあります。

　このように自分や自社の特徴は、他人からの質問や回答を通じて理解することができます。今回は自社の特徴を発見するための質問をChatGPTに考えてもらいます。

　ChatGPTに質問してもらうことで、消費者・顧客のニーズや競合の強み・弱みと関連づけた自社の強み・弱みに気付くことができます。ChatGPTは、必要な情報を提示するだけでなく、質問によって気付きを与えてくれる頼もしいパートナーです。

　【 X-#出力形式 】ではこれまで同様、質問だけでは質問の意図がわからないため、質問する理由と回答例を同時に示すように指示します。質問は5つ程度あればよいでしょう。

1-09　プロンプト例

User

#目的

3C分析（Company、Customer、Competitor）の自社（Company）分析を行います。

自社の強みと弱みを明らかにします。

．．

#依頼

自社の業界は{#入力情報##自社###業界}です。自社の商品は{#入力情報##自社###商品}です。

自社の顧客は{#入力情報##顧客層のイメージ}です。

{#目的}を達成するために、ブランド・マネージャーとして質問してください。

質問として、どのような質問が考えられますか。

自社の強みと弱みを明らかにするための質問を、それぞれ5つ挙げてください。

．．

#入力情報

##顧客層のイメージ ◀ **1-02 生成文章より引用**（P70）

1. 20～30代の女性：現在の主要顧客層であり、デザイン性と味に敏感です。

2. 健康志向の若年層：健康的な食生活を求める若者です。

3. 家族連れ：子どもから大人まで楽しめる健康的なスイーツを求めています。

4. シニア層：高品質で安全な食品を好む傾向があります。

5. スイーツ愛好家：新しい味やスタイルを求めています。

6. フランス文化に興味がある顧客：フランス式の製法や素材に魅力を感じます。

7. SNSでトレンドを追う層：見た目が魅力的なスイーツを好み、SNSで共有します。

8. 環境に配慮する消費者：持続可能な原材料を使用した製品を選びます。

9. 贈答品を求める顧客：特別な日の贈り物として高品質なスイーツを求めています。

10. 外国人観光客：日本の特別なスイーツ体験を求めています。

##自社

###業界

ケーキ・スイーツ業界

###商品

チーズケーキ

X #出力形式
自社の強みと弱みを明らかにするための質問を、それぞれ5つ挙げてください。また、その質問をする理由と回答例を示してください。
あなたがブランド・マネージャーとして回答していることを示す大切な要素なので、必ず忘れないであなたの名前を表示するようにしてください。
出力はマークダウン形式でお願いします。

#出力形式フォーマット
##自社の強み
###質問1：・・・・
-*理由：
-*回答例：
###質問2：・・・・
-*・・・
###質問3：・・・・
-*・・・
###質問4：・・・・
-*・・・
###質問5：・・・・
-*・・・
##自社の弱み
###質問1：・・・・
-*理由：
-*回答例：
###質問2：・・・・
-*・・・・

1-09 ChatGPTの生成文章

 うしくん

こんにちは、私はうしくん、ブランド・マネージャーです。3C分析における自社（Company）分析に関する質問を下記のとおりフォーマットに沿って提案いたします。

自社の強み

質問1: チーズケーキに使用している材料にはどのような特長がありますか？

- 理由：材料の質が製品の品質と密接に関わるため、強みとして具体的に何が挙げられるかを確認するため。
- 回答例：私たちは地元産の新鮮なクリームチーズと、フランスから輸入したバニラビーンズを使用しています。

質問2: 自社のチーズケーキはどのような点で他社と差別化されていますか？

- 理由：市場での競争力を保つうえでの自社商品のユニークな特徴を理解するため。
- 回答例：私たちは伝統的な製法にこだわり、無添加で安心安全なチーズケーキを提供しています。

質問3: 自社商品のどの要素が特に25～40歳の女性層から支持されていますか？

- 理由：主要ターゲット層の購買動機を理解し、それに基づいたマーケティング戦略を構築するため。
- 回答例：フォトジェニックな見た目と、上品な甘さが特に25～40歳の女性層から支持されています。

質問4: 自社チーズケーキの製造プロセスにおけるエコフレンドリーな取り組みはありますか？

- 理由：エコ意識の高い消費者に向けて強みを訴求する材料を得るため。
- 回答例：私たちはエコフレンドリーな包装材を使用し、製造工程でもエネルギー消費を抑える工夫をしています。

質問5: SNSでのシェアを意識した商品開発やプロモーションは行っていますか？

- 理由：インスタグラマー層の取り込みと、ブランドのオンラインでの露出拡大を図るため。
- 回答例：新製品をSNSで先行発表し、フォロワー限定の特別プロモーションを行っています。

準備編

1 PART

2 PART

3 PART

実践編

1 STEP

2 STEP

3 STEP

4 STEP

5 STEP

自社の弱み

質問1: 高価格帯の商品に対する顧客からのクレームやネガティブなフィードバックはありますか?

- 理由:価格設定に関する市場からの評価や反応を把握し、必要であれば戦略の修正を行うため。
- 回答例:一部の顧客からは「もう少し手頃な価格であればうれしい」といった意見をいただいています。

質問2: ギフトとして購入する顧客向けの包装やサービスについて、現在の課題は何ですか?

- 理由:ギフト購入者層のニーズに更に応え、リピート率を上げるための改善ポイントを洗い出すため。
- 回答例:ギフト用のパッケージが現在1種類しかなく、選択肢が少ないというフィードバックがあります。

質問3: 現在展開している販路において、もっと強化したい部分はありますか?

- 理由:販売チャネルにおける弱みや改善点を把握し、販売戦略の最適化を図るため。
- 回答例:オンラインショップのユーザビリティがやや劣るため、改善が必要です。

質問4: 新しい製品開発において現在直面している課題は何ですか?

- 理由:製品ラインナップの拡充におけるボトルネックや問題点を洗い出すため。
- 回答例:新しいフレーバーの開発に時間が掛かり、コンスタントな新製品のリリースが難しい状況です。

質問5: 現在実施しているマーケティング活動の中で、成果が伸び悩んでいるものはありますか?

- 理由:ROIが低いマーケティング活動を見直し、予算配分の最適化を図るため。
- 回答例:広告費を掛けているFacebook広告のコンバージョンが予想ほ

ど伸びていません。

これらの質問に基づいて、自社の強みと弱みをより深く理解し、今後の戦略に反映させることができると考えています。もしご不明点等ありましたら、お知らせください。

1-09 考察ポイント

▶自社の商品・サービスが市場でどのような位置付けにあるか？　また消費者・顧客に与えている印象が把握できているか？
▶商品・サービスが市場ニーズにどれだけ適合しているか？
▶消費者・顧客の満足度やロイヤルティ、競合との相対的な強みと弱み、市場トレンドへの対応などの評価が可能な内容になっているか？

1-09 生成結果の考察

　生成された質問の良い点としては、質問内容が消費者・顧客理解、ブランド認知度、商品・サービスの適合性、顧客満足度、市場トレンドという重要な側面をカバーしていることが挙げられます。各質問は消費者・顧客のニーズや期待、行動パターンを深く掘り下げ、ブランドが市場でどのように認識されているか、商品・サービスが消費者・顧客の要求をどれだけ満たしているか評価するのに有効です。

　一方で改善点としては、市場トレンドや競合との比較に対する質問がやや限定的であることが挙げられます。市場の最新動向や他ブランドとの比較に基づいたより詳細な分析が加われば、分析の有用性はさらに上がるでしょう。

3C分析をやってみよう⑨
（自社の強みと弱み）

▶ 自社に向けられた質問をベースにして、自社の強みと弱みを
客観的に把握する

準備編

1 PART

2 PART

3 PART

実践編

 1 STEP

 2 STEP

 3 STEP

 4 STEP

 5 STEP

　前項では自社の特徴を知るための質問を抽出しました。次はそれを用いて、自社の強みと弱みを導き出しましょう。

　まず【 Y ―#ルール】では質問を1問ずつしてみなさんの回答を待つように「USER:」と書き込みました。

　【 Z ―#出力形式フォーマット】では自社の強み・弱みを後ほど利用することを想定し、強みは「Strengths（強み）」の「S」から、弱みは「Weakness（弱み）の」「W」から始めて連番で示すよう指示しました。

1-10 プロンプト例

 User

#目的
3C分析（Company、Customer、Competitor）の自社（Company）分析を行います。
自社の強みと弱みを明らかにします。

#依頼
{#目的}を達成するために、私と対話をしてください。
あなたは{#入力情報##質問}の10の質問を{#ルール##質問方法}のとおりに質問してください。
また、質問の理由と回答例も示してください。

Y ―#ルール
##質問方法
まず強みの5つの質問の後、弱みの質問をしてください。

質問は1問ずつしてください。

質問1：

- どのような原材料を使用していますか？

回答例：・・・

USER：

私の回答が終わったら質問2をしてください。

- -

#入力情報

##質問 ◀ **1-09　生成文章より引用（P105）**

自社の強み

質問1: チーズケーキに使用している材料にはどのような特長がありますか？

- 理由：材料の質が製品の品質と密接に関わるため、強みとして具体的に何が挙げられるかを確認するため。

- 回答例：私たちは地元産の新鮮なクリームチーズと、フランスから輸入したバニラビーンズを使用しています。

質問2: 自社のチーズケーキはどのような点で他社と差別化されていますか？

- 理由：市場での競争力を保つうえでの自社商品のユニークな特徴を理解するため。

- 回答例：私たちは伝統的な製法にこだわり、無添加で安心安全なチーズケーキを提供しています。

質問3: 自社商品のどの要素が特に25～40歳の女性層から支持されていますか？

- 理由：主要ターゲット層の購買動機を理解し、それに基づいたマーケティング戦略を構築するため。

- 回答例：フォトジェニックな見た目と、上品な甘さが特に25～40歳の女性層から支持されています。

質問4: 自社チーズケーキの製造プロセスにおけるエコフレンドリーな取り組みはありますか？

- 理由：エコ意識の高い消費者に向けて強みを訴求する材料を得るため。

- 回答例：私たちはエコフレンドリーな包装材を使用し、製造工程でもエネルギー消費を抑える工夫をしています。

質問5: SNSでのシェアを意識した商品開発やプロモーションは行っていますか？

- 理由：インスタグラマー層の取り込みと、ブランドのオンラインでの露出拡大を図るため。
- 回答例：新製品をSNSで先行発表し、フォロワー限定の特別プロモーションを行っています。

自社の弱み
質問1: 高価格帯の商品に対する顧客からのクレームやネガティブなフィードバックはありますか？
- 理由：価格設定に関する市場からの評価や反応を把握し、必要であれば戦略の修正を行うため。
- 回答例：一部の顧客からは「もう少し手頃な価格であればうれしい」といった意見をいただいています。
質問2: ギフトとして購入する顧客向けの包装やサービスについて、現在の課題は何ですか？
- 理由：ギフト購入者層のニーズに更に応え、リピート率を上げるための改善ポイントを洗い出すため。
- 回答例：ギフト用のパッケージが現在1種類しかなく、選択肢が少ないというフィードバックがあります。
質問3: 現在展開している販路において、もっと強化したい部分はありますか？
- 理由：販売チャネルにおける弱みや改善点を把握し、販売戦略の最適化を図るため。
- 回答例：オンラインショップのユーザビリティがやや劣るため、改善が必要です。
質問4: 新しい製品開発において現在直面している課題は何ですか？
- 理由：製品ラインナップの拡充におけるボトルネックや問題点を洗い出すため。
- 回答例：新しいフレーバーの開発に時間が掛かり、コンスタントな新製品のリリースが難しい状況です。
質問5: 現在実施しているマーケティング活動の中で、成果が伸び悩んでいるものはありますか？
- 理由：ROIが低いマーケティング活動を見直し、予算配分の最適化を図るため。
- 回答例：広告費を掛けているFacebook広告のコンバージョンが予想ほど伸びていません。

#出力形式
私の回答結果から想定される自社の強みと弱みをそれぞれ10個挙げてください。
あなたがブランド・マネージャーとして回答していることを示す大切な要素なので、必ず忘れないであなたの名前を表示するようにしてください。
出力はマークダウン形式でお願いします。

Z #出力形式フォーマット
#自社の強み
-*S-1:・・・・
-*S-2:・・・・
・・・・
#自社の弱み
-*W-1:・・・・
-*W-2:・・・・
・・・・

最初の質問をしてください。

1-10 ChatGPTの生成文章

 うしくん

ありがとうございます。ご提供いただいた情報をもとに、自社の強みと弱みをそれぞれ10個にまとめました。

自社の強み

- S-1: フランスで経験を積んだパティシエ
- S-2: 厳選素材と独特の製法が女性に高評価
- S-3: 顧客データの活用
- S-4: おしゃれで見映えのするチーズケーキ
- S-5: 地域社会とのつながり
- S-6: 限定品・新製品ハンターの注目

- S-7: ギフト市場での強み

自社の弱み

- W-1: 高コストの原材料
- W-2: チーズケーキ専門店や全国チェーンのケーキ屋の増加
- W-3: 地域依存
- W-4: 顧客層の偏り
  - 主な顧客層が25〜40歳の女性である。
- W-5: 健康志向の高まり
- W-6: SNS・デジタルマーケティングの未活用
  - その点での効果的な戦略が欠けている。
- W-7: 既存の商品に特異性がなく、飽きられる
- W-8: 限られたパティシエ
- W-9: 専門のパティシエが少ない。

これが我々の現状であり、これからどのように戦略を練っていくかが重要です。何かご質問や追加情報がありましたら、どうぞお知らせください。

1-10　考察ポイント

▶ 自社の強みと弱みが明確に特定されているか？

▶ 自社の強みが消費者・顧客の要望をどの程度満たしているか評価できるか？

▶ 商品認知度とイメージ、商品・サービスの特徴、顧客満足度とロイヤルティ、競合との比較、市場トレンドとの適合性に関して、考慮されているか？

1-10　生成結果の考察

　生成された結果の強みとしては、フランスで経験を積んだパティシエ、厳選された素材など、自社の強みが明確に強調されています。これらは顧客満足度やブランド・イメージの向上に寄与しているでしょう。また、地域社会とのつながりやギフト市場での強みは、ブランドの認知度を高める要素として効果的です。

　一方弱みとしては、高コストの原材料やチーズケーキ専門店の増加、健康志向の高まりなど、市場環境の変化への対応が挙げられています。SNSやデジタルマーケティングの未活用は、現代の市場トレンドや消費者の行動変化への対応が不十分であることを示しています。全体的に自社の強みと弱みを的確に捉えているものの、市場トレンドへの適応やデジタルマーケティング戦略の強化に向けてさらなる努力が必要です。

　また、ギフト市場での優位性が強みとして挙がっているにもかかわらず、ECサイトなど市場の変化が考慮されていないので、販路が以前のままで良いのかなどを検討したうえで再度この質問を繰り返すと、より精度の高い回答が得られることでしょう。

準備編

1 PART

2 PART

3 PART

実践編

1 STEP

2 STEP

3 STEP

4 STEP

5 STEP

3C分析をやってみよう⑩
（市場機会の仮説）

▶ 3C（顧客、競合、自社）の分析によって得られた情報から
市場機会の仮説を導き出す

　ミクロ環境の3C分析（顧客、競合、自社）が一通り終了しました。これまで
に得られた情報を活用して、どんな市場であれば自社の独自性を発揮できる
のか、市場機会についての仮説を立ててみましょう。

　顧客、競合、自社と網羅的に情報を収集して、いよいよ市場機会の発見と
なった時、あまりに情報が膨大すぎて、どの情報を組み合わせて考えれば確
度の高い市場機会を見つけられるか迷ってしまうことがあります。そういう
時こそChatGPTの出番です。

　ChatGPTにこれまでの重要情報を踏まえたうえで市場機会の推論と仮説
の候補を提示してもらうことで、より深く、的確に市場機会の仮説を検討す
ることができます。

【 －#入力情報 】にこれまでの結果を参考に入力していきます。ただし、
これまで生成された結果をそのまま入力する必要はありません。必要なとこ
ろは修正して入力してください。

1-11 プロンプト例

> **User**
>
> #目的
> 3C分析（Company、Customer、Competitor）の自社（Company）分
> 析の結果から、市場機会の仮説を作成します。
>
> #依頼
> 顧客には、{#入力情報##顧客###顧客のニーズ}があり、{#入力情報##
> 顧客###顧客の不満・不安・不快・不信・不備}があります。

115

{#入力情報##自社の強み}が活かせて、{#入力情報##競合の弱み}である点を加味すると、どのような市場機会がありますか。

顧客像を想定し、市場機会をそれぞれ200文字程度で示してください。

語頭を「ということは、」で始め、仮定形で示し、そこから考えられることを200文字程度で示してください。

語頭を「であれば、」で始め、仮定形で示してください。

市場機会を10個箇条書きで示してください。

---

a — #入力情報

##顧客

###顧客のニーズ　←**1-03**　**生成文章より引用**（P74）

- cu-1: 20～30代の女性がデザイン性と味の両方を兼ね備えたスイーツがもっとあればいいのに。
- cu-2: 健康的でありながらおいしいスイーツがもっと多ければいいのに。
- cu-3: 家族連れが子どもでも安心して食べられる無添加・自然派スイーツがもっとあればいいのに。
- cu-4: シニア層が噛みやすく消化に良いスイーツがもっとあればいいのに。
- cu-5: スイーツ愛好家が常に新しい味わいやコンセプトのスイーツがもっとあればいいのに。
- cu-6: フランス文化に興味がある顧客が本格的なフランススイーツがもっと手軽に楽しめればいいのに。
- cu-7: SNSでトレンドを追う層がSNS映えするユニークなスイーツがもっとあればいいのに。
- cu-8: 環境に配慮する消費者がエコフレンドリーな包装のスイーツがもっとあればいいのに。
- cu-9: 贈答品を求める顧客が高級感のある特別なパッケージのスイーツがもっとあればいいのに。
- cu-10: 外国人観光客が地元の特色を活かしたユニークなスイーツがもっとあればいいのに。

###顧客の不満・不安・不快・不信・不備

####不満

- ds-1: 食品添加物や保存料を使用しているスイーツに不満を感じている。
- ds-2: 高カロリーで健康に悪影響を及ぼすスイーツに不満を感じている。
- ds-3: 一部の顧客層のみをターゲットにしたスイーツ展開に不満を感じている。

- ds-4: 価格が高すぎて日常的に楽しめないスイーツに不満を感じている。
- ds-5: 地域限定や期間限定のスイーツにアクセスできないことに不満を感じている。

不安

- ax-1: 原材料の安全性や品質について不安を感じている。
- ax-2: 過度な糖分や脂肪分の健康への影響について不安を感じている。
- ax-3: アレルギー物質や食品添加物の使用に対する不安を感じている。
- ax-4: 長期間の保存に耐えるスイーツの新鮮さについて不安を感じている。
- ax-5: スイーツの製造過程や品質管理の透明性について不安を感じている。

不快

- up-1: 甘すぎる、または味が濃すぎるスイーツに不快感を抱いている。
- up-2: 包装材の過剰な使用や環境への配慮が不足していることに不快感を抱いている。
- up-3: 購入後のサポートやアフターサービスの不足に不快感を抱いている。
- up-4: 店舗の混雑や購入時の待ち時間の長さに不快感を抱いている。
- up-5: スイーツの種類が少ない、または多すぎることに不快感を抱いている。

不信

- dt-1: 広告やパッケージの誇大表現に対して不信感を抱いている。
- dt-2: 原材料や製造過程の情報の不透明さに不信感を抱いている。
- dt-3: 口コミやレビューの信頼性に対して不信感を抱いている。
- dt-4: 製品の品質や価格の一貫性がないことに不信感を抱いている。
- dt-5: スタッフの対応や知識の不足による不信感を抱いている。

不備

- df-1: 商品の品切れや在庫不足に不備を感じている。
- df-2: オンラインショッピングの利用の難しさや不便さに不備を感じている。
- df-3: 商品の配送時の品質保持の問題に不備を感じている。
- df-4: 店舗のアクセシビリティや利便性の不備を感じている。
- df-5: 顧客サービスやアフターケアの不備を感じている。

競合の弱み

直接競合企業の弱み ◀━ **1-05**　生成文章より引用（P84）

- dco-1: 高所得者へのアピール不足 - 全国展開している洋菓子店の商品は比較的手頃な価格が多く、厳選された高級素材を使用した製品は少ないた

め、高所得者には十分な魅力を持たれていない可能性があります。

- dco-2: 健康志向への対応不足 - 全国展開している洋菓子店は多くの場合、砂糖やバターなどの高カロリー成分を多用するため、健康志向の人々には魅力が少ない可能性があります。

- dco-3: エコ意識への対応 - 環境に配慮した製品や包装が少ないため、エコ意識の高い人々には魅力が少ない可能性があります。

- dco-4: 限定品・新製品ハンターへのアピール - 全国展開している洋菓子店は伝統的な製品に重点を置いているため、新製品や限定品に興味を持つ層には十分な魅力を持たれていない可能性があります。

- dco-5: ギフトオプションの制限 - 全国展開している洋菓子店の商品は手頃な価格帯が多いため、高級なギフトとしては選ばれにくい可能性があります。

間接競合企業の弱み ◀ **1-08** 生成文章より引用（P100）

- ico-1: 商品の健康志向が不十分で、カロリーや糖分が控えめな健康的なスイーツの選択肢が少ない。

- ico-2: トレンドに合わせたデザインやフレーバーのチーズケーキが限られている。

- ico-3: エシカルに製造されたスイーツの選択肢が少なく、エコ意識の高い人には不十分。

- ico-4: ギフト用途に適したエレガントなパッケージングが不足している。

- ico-5: 季節ごとの限定フレーバーやデザインが頻繁ではなく、新製品ハンターには物足りない。

自社の強み ◀ **1-10** 生成文章より引用（P112）

- S-1: フランスで経験を積んだパティシエ
- S-2: 厳選素材と独特の製法が女性に高評価
- S-3: 顧客データの活用
- S-4: おしゃれで見映えのするチーズケーキ
- S-5: 地域社会とのつながり
- S-6: 限定品・新製品ハンターの注目
- S-7: ギフト市場での強み

#出力形式

あなたがブランド・マネージャーとして回答していることを示す大切な要素なので、必ず忘れないであなたの名前を表示するようにしてください。出力はマークダウン形式でお願いします。

準備編

1 PART

2 PART

3 PART

実践編

1 STEP

2 STEP

3 STEP

4 STEP

5 STEP

```
#出力形式フォーマット
##市場機会1
- *ということは、・・・ではないか。
- *であれば、・・・。
##市場機会2
- *ということは、・・・。
- *であれば、・・・。
##市場機会3
- *ということは、・・・。
- *であれば、・・・。
##市場機会4
- *・・・・
- *・・・・
```

1-11 ChatGPT の生成文章

 うしくん

市場機会に関しての分析を以下に示します。

市場機会1

- ということは、顧客がヘルシーなオプションを求めている一方で、競合企業は健康志向への対応不足があるのではないでしょうか。
- であれば、フランスで経験を積んだパティシエの技術を活かして、砂糖やバターの代替素材を使ったヘルシーなケーキやデザートを開発する市場機会がありそうです。

市場機会2

- ということは、顧客はオンラインでの購入手段が限られていると不満を持っているのであれば、私たち自社は顧客データの活用が得意です。
- であれば、顧客データを活用してカスタマイズされたオンラインショッピング体験を提供し、購入をスムーズにする市場機会があります。

市場機会3

- ということは、顧客は季節やイベントに合わせた限定商品が少ないと感じているのであれば、私たちは限定品・新製品ハンターの注目を集める強みがあります。
- であれば、季節やイベントに合わせて限定商品を積極的にリリースし、顧客の期待を超える市場機会があります。

市場機会4

- ということは、顧客がスイーツの持続可能性やエコフレンドリーな側面を求めている一方、競合企業はエコ意識への対応が弱いという状況です。
- であれば、エコフレンドリーな素材や製法を用いた新しい製品を開発し、それを明確にコミュニケーションすることで、新しい顧客層を獲得する市場機会があります。

市場機会5

- ということは、顧客はギフト包装を選べる選択肢が少ないと不満を持っているのであれば、私たち自社はギフト市場での強みがあります。
- であれば、豪華なギフト包装オプションを増やして、ギフトとしての選択肢を広げる市場機会があります。

市場機会6

- ということは、SNS映えする見た目の美しいスイーツを求める顧客層がいるのであれば、デザインとビジュアルに焦点を当てた商品開発が有効です。
- であれば、Instagramやピンタレストなどのビジュアル重視のSNSを活用したマーケティングがブランドの認知度を上げる手段となります。

市場機会7

- ということは、高級感ある包装を求めるギフト市場が存在するのであれば、限定版の高級包装オプションを提供することで、贈り物としての選択肢を広げることができます。

- であれば、特別な日のギフト需要に応じたカスタマイズオプションを提供することで、顧客の満足度を高めることができます。

市場機会8

- ということは、ダイエット中でも楽しめる低糖質スイーツを求める顧客がいるのであれば、健康志向を一層強化した商品開発が求められます。
- であれば、低糖質で高タンパクなスイーツの開発を進めることで、健康とおいしさを兼ね備えた製品を提供することが可能です。

市場機会9

- ということは、アレルギー情報が明確でない現状に不満を持つ顧客が多いのであれば、全成分表示とアレルゲンフリーのオプションを拡充することが重要です。
- であれば、アレルギー情報を詳細に記載し、様々な食物アレルギーを持つ顧客でも安心して選べる商品ラインナップを増やすことが顧客の信頼を得る手段となります。

市場機会10

- ということは、日本の文化が感じられるオリジナルスイーツを求める外国人観光客がいるのであれば、地域の伝統や文化を反映した商品の開発が有効です。
- であれば、日本独特の素材やテーマを採用した季節限定の商品を市場に投入することで、国内外の顧客から注目を集めることができます。

1-11　考察ポイント

▶仮説は現在の市場ニーズや消費者・顧客のニーズと合っているか？
▶競合分析の結果を踏まえた仮説が反映されているか？
▶仮説には実現可能性があり、リスクの評価もされているか？
▶仮説は長期的な成長と持続可能性を担保しているか？

1-11 生成結果の考察

　生成された結果の良い点として、仮説は市場ニーズや消費者・顧客のニーズに合っており、特に健康志向のケーキ、オンラインショッピング体験、季節やイベントに合わせた限定商品など、現代の消費トレンドに対応しています。また、エコフレンドリーな素材の使用やギフト包装オプションの拡充など、競合との差別化を図る戦略も提示しています。

　一方で改善点としては、市場機会の実現可能性とリスク評価がやや不足しているように見えます。たとえば、新製品の開発コストや競合他社の反応、市場での受容度などに関する具体的な考慮が不足しています。市場トレンドの変化に対する長期的な視点も強化が必要です。

　全体的には優れた洞察が見られますが、実現可能性や持続可能性についてより深い検討が必要なため、ChatGPT に自社の状況を詳しく伝えて実現可能性と持続可能性について、掘り下げて質問してみるとよいでしょう。

Column ChatGPT に聞いてみた！

3C分析で得られた市場機会の仮説をどのような観点で検討したらよいかをChatGPTに聞いてみました。

 User

市場機会の仮説を評価し、検討するためには、どのような観点が重要でしょうか？　特に、市場での差別化と新たな成長機会の探求に焦点を当てた具体的な観点を教えてください。

 ChatGPT

3C分析を通じて特定した市場の機会を、レッドオーシャン戦略とブルーオーシャン戦略の観点からさらに掘り下げます。レッドオーシャンは、激しい競争が存在する既存の市場を指し、ブルーオーシャンは、競争が少ない未開拓の市場、または新しい需要を生み出すことによって作り出される市場を意味します。

クロスSWOT分析を
やってみよう①

▶ 内部環境と外部環境を評価する
「クロスSWOT分析」を実践してみる

準備編

PART 1
PART 2
PART 3

実践編

STEP 1
STEP 2
STEP 3
STEP 4
STEP 5

3C分析の次は、「クロスSWOT分析」にチャレンジしてみましょう。

クロスSWOT分析は組織が持つ強み、弱み、外的環境にある機会、脅威を評価し、戦略策定に役立てるツールです。この分析を活用することで、内部環境と外部環境の要素を掛け合わせて市場機会の仮説を導くことができます。

クロスSWOT分析

		内部環境	
		強み	弱み
外部環境	機会	強み×機会 [積極攻勢]	弱み×機会 [弱点強化]
	脅威	強み×脅威 [差別化]	弱み×脅威 [防衛・撤退]

クロスSWOT分析では組織が持つ「強み（S = Strengths）」「弱み（W = Weaknesses）」、組織の外的環境にある「機会（O = Opportunities）」「脅威（T = Threats）」を評価し、市場機会の仮説の解像度を上げていきます。

PEST分析も3C分析もそれぞれ膨大な情報量と押さえておくべき重要なポイントがありましたが、それらすべてを踏まえてクロスSWOT分析で統合するには、かなりの労力と経験が必要です。ChatGPTは与えられた情報を整理したり組み合わせるのは得意なので、適切な指示を出せば分析に必要な能力と労力の大半を担ってくれます。

それでは実際にクロスSWOT分析をやってみましょう。

まず【b-#依頼】でクロスSWOT分析の4領域の説明と、組み合わせを定義します。【c-#入力情報】ではこれまでのPEST分析、3C分析で得た

情報を番号付きで入力します。PEST分析の「注目すべき変化」に対する「機会」と「脅威」、3C分析で得た「顧客のニーズ」と「(直接・間接)競合の弱み」、「(直接・間接)競合の強み」、「自社の強み・弱み」を、それぞれSWOTの項目に対応させて入力します。

　この際、一点注意が必要です。ChatGPTでは一度に入力できるプロンプトに文字数の制限があります。そのため文字数が多い場合には下記のようなエラーが出てしまいます。

[図:文字数制限エラー]

> The message you submitted was too long, please reload the conversation and submit something shorter.

　エラーが表示された場合、入力情報で文字数の多い部分を少し削除してください。

1-12　プロンプト例

User

#目的
ブランド・マネージャーとして、これからクロスSWOT分析を行います。

b ─ #依頼
積極攻勢は、自社の強みである部分に機会が掛け合わさる「強み×機会」であり、自社にとって最大のチャンスであると判断することができます。
{#入力情報##PEST分析###機会}と{#入力情報##3C分析###機会####顧客のニーズ}と{#入力情報##3C分析###自社の強み}を組み合わせて文章を生成してください。
弱点強化は、「弱み×機会」であり、外部環境に機会はあるものの、自社に弱みがあるため、今のところ、その機会を活かせていないと判断することができます。まずは弱みを克服するための改善策を立てることが必要です。
{#入力情報##PEST分析###機会}と{#入力情報##3C分析###機会}と{#入力情報##3C分析###自社の弱み}を組み合わせて文章を生成してください。

差別化は、自社の強みである部分に、リスクである脅威が掛け合わさる「強み×脅威」であり、強みを活かしてそのリスクを防ぐ戦略を考えることができます。また、商品に対する脅威であれば他社との差別化を図るなど、強みを活かすことにより反対に脅威をチャンスに転換することにもつながります。{#入力情報##PEST分析###脅威}と{#入力情報##3C分析###脅威}と{#入力情報##3C分析###自社の強み}を組み合わせて文章を生成してください。

防衛/撤退は、弱みに脅威が掛け合わさる「弱み×脅威」であり、最悪のシナリオとなる前に事業の撤退をするなど、リスクを最小限に抑えるための戦略を立てることが重要です。{#入力情報##PEST分析###脅威}と{#入力情報##3C分析###脅威}と{#入力情報##3C分析###自社の弱み}を組み合わせて文章を生成してください。

C - #入力情報

##PEST分析 ◀ **1-01 生成文章より引用(P65)**

機会

- po-1: 厳格な基準遵守による信頼性向上
- po-2: 独自製法の法的保護
- po-3: 税制優遇による投資拡大
- po-4: 支援策による業界の活性化
- po-5 市場拡大の可能性
- po-6 安定した原材料費
- po-7 輸出市場の拡大
- po-8: 高齢者市場の拡大
- po-9: 健康志向製品への需要拡大
- po-10: 環境に優しい製品への支持
- po-11: 製造効率と品質の向上
- po-12: 革新的な製品開発

脅威

- pt-1: コンプライアンスコストの増加
- pt-2: 知的財産権の侵害リスク
- pt-3: 増税によるコスト増
- pt-4: 不確実な政策変更
- pt-5: 景気低迷による消費減退

- pt-6: 為替リスクによるコスト増加
- pt-7: 若年層の市場縮小
- pt-8: 既存製品の市場縮小
- pt-9: 環境配慮のない製品の拒絶
- pt-10: 古い技術への依存
- pt-11: 競合の技術革新による差別化失敗 ##3C分析

3C分析
機会
顧客のニーズ ◀━ 1-03 生成文章より引用(P74)

- cu-1: 20〜30代の女性がデザイン性と味の両方を兼ね備えたスイーツがもっとあればいいのに。
- cu-2: 健康的でありながらおいしいスイーツがもっと多ければいいのに。
- cu-3: 家族連れが子どもでも安心して食べられる無添加・自然派スイーツがもっとあればいいのに。
- cu-4: シニア層が噛みやすく消化に良いスイーツがもっとあればいいのに。
- cu-5: スイーツ愛好家が常に新しい味わいやコンセプトのスイーツがもっとあればいいのに。
- cu-6: フランス文化に興味がある顧客が本格的なフランススイーツがもっと手軽に楽しめればいいのに。
- cu-7: SNSでトレンドを追う層がSNS映えするユニークなスイーツがもっとあればいいのに。
- cu-8: 環境に配慮する消費者がエコフレンドリーな包装のスイーツがもっとあればいいのに。
- cu-9: 贈答品を求める顧客が高級感のある特別なパッケージのスイーツがもっとあればいいのに。
- cu-10: 外国人観光客が地元の特色を活かしたユニークなスイーツがもっとあればいいのに。

競合の弱み
直接競合企業の弱み ◀━ 1-05 生成文章より引用(P84)
- dco-1: 高所得者へのアピール不足
- dco-2: 健康志向への対応不足
- dco-3: エコ意識への対応
- dco-4: 限定品・新製品ハンターへのアピール

- dco-5: ギフトオプションの制限
間接競合企業の弱み ◀ **1-08** 生成文章より引用（P100）
- ico-1: 商品の健康志向が不十分で、カロリーや糖分が控えめな健康的なスイーツの選択肢が少ない。
- ico-2: トレンドに合わせたデザインやフレーバーのチーズケーキが限られている。
- ico-3: エシカルに製造されたスイーツの選択肢が少なく、エコ意識の高い人には不十分。
- ico-4: ギフト用途に適したエレガントなパッケージングが不足している。
- ico-5: 季節ごとの限定フレーバーやデザインが頻繁ではなく、新製品ハンターには物足りない。
脅威
競合の強み
直接競合企業の強み ◀ **1-05** 生成文章より引用（P84）
- dct-1: 幅広いターゲット層
- dct-2: 透明性と信頼性
- dct-3: フランス文化・料理愛好者へのアピール
- dct-4: 子どもを持つ家庭への配慮
- dct-5: インスタグラマー向けの製品
間接競合企業の強み ◀ **1-08** 生成文章より引用（P100）
- ict-1: 広範囲に店舗があるためアクセスしやすい。
- ict-2: 様々なニーズに応える商品の多様性。
- ict-3: 価格が手ごろで購入しやすい。
- ict-4: 24時間営業であるため、時間を気にせず購入可能。
- ict-5: 定期的な新製品の導入で、限定品や新製品ハンターにアピール。

自社の強み ◀ **1-10** 生成文章より引用（P112）
- S-1: フランスで経験を積んだパティシエ
- S-2: 厳選素材と独特の製法が女性に高評価
- S-3: 顧客データの活用
- S-4: おしゃれで見映えのするチーズケーキ
- S-5: 地域社会とのつながり
- S-6: 限定品・新製品ハンターの注目
- S-7: ギフト市場での強み
自社の弱み

- W-1: 高コストの原材料
- W-2: チーズケーキ専門店や全国チェーンのケーキ屋の増加
- W-3: 地域依存
- W-4: 顧客層の偏り
  - 主な顧客層が25-40歳の女性である。
- W-5: 健康志向の高まり
- W-6: SNS・デジタルマーケティングの未活用
  - その点での効果的な戦略が欠けている。
- W-7: 既存の商品に特異性がなく、飽きられる
- W-8: 限られたパティシエ
- W-9: 専門のパティシエが少ない。

#出力形式
あなたがブランド・マネージャーとして回答していることを示す大切な要素なので、必ず忘れないであなたの名前を表示するようにしてください。出力はマークダウン形式でお願いします。

##出力例
積極攻勢：強み×機会
PEST分析の機会と**3C分析**の機会と強みを組み合わせ
- **贈り物としての評価とお土産の需要増**：贈り物としても定評のあるチーズケーキ（S-1）と社会的な場でのお土産需要（po-5）を組み合わせて、特別なギフトパッケージを開発。
- **厳選素材と健康関連食品の需要増**：安心できる厳選素材（S-2）と健康関連食品の需要増（po-3）を掛け合わせて、健康志向の高いチーズケーキを開発。
- **限定品とオーガニック需要**：定番商品以外にも限定品を販売（S-3）とオーガニック食品の需要（po-4）を組み合わせて、オーガニック素材の限定チーズケーキをリリース。

#出力形式フォーマット
##積極攻勢(強み×機会)：
- *
- *
- *

```
 -*
 -*
##弱点強化（弱み×機会）：
 -*
 -*
 -*
 -*
 -*
##差別化（強み×脅威）：
 -*
 -*
 -*
 -*
 -*
##防衛/撤退（弱み×脅威）：
 -*
 -*
 -*
 -*
```

1-12 ChatGPTの生成文章

 うしくん

以下は、クロスSWOT分析の4つの主要戦略カテゴリーに基づく戦略提案です。

積極攻勢（強み×機会）：

- フランススタイルのチーズケーキと健康志向製品の需要増：フランスで経験を積んだパティシエが作る独特のフランス風チーズケーキ（S-1）と健康志向製品への需要拡大（po-9）を組み合わせ、健康的かつ本格的なフランススイーツを市場に提供します。
- 地元素材の活用と税制優遇の活用：地元で持続可能に生産された原材料

（S-5）を使用し、税制優遇（po-3）を利用してコストを抑えつつ、地域密着型のプロモーションを展開します。

- 限定品と高齢者市場へのアプローチ：限定品・新製品ハンターの注目（S-6）と高齢者市場の拡大（po-8）を利用して、高齢者向けの噛みやすく消化に良いスイーツ（cu-4）を特別ラインで発売。

弱点強化（弱み×機会）：

- デジタルマーケティングの強化：SNS・デジタルマーケティング未活用（W-6）と、見た目が美しく、SNS映えするスイーツの需要（cu-7）を組み合わせ、オンラインでのブランド認知度を高めるキャンペーンを実施します。

- 新製品開発での独自性強化：既存の商品に特異性がない（W-7）と感じられる問題を改善し、革新的な製品開発（po-12）を推進して市場での差別化を図ります。

差別化（強み×脅威）：

- おしゃれなチーズケーキの市場縮小リスク回避：おしゃれで見映えするチーズケーキ（S-4）と既存製品の市場縮小（pt-8）を防ぐため、新しいデザインやフレーバーの導入で常に市場の注目を集めます。

- エコ製品の開発：地域社会とのつながり（S-5）と環境配慮のない製品の拒絶（pt-9）に対応して、完全に持続可能な材料を使用した製品ラインを開発します。

防衛/撤退（弱み×脅威）：

- 市場撤退の検討：高コストの原材料（W-1）と増税によるコスト増（pt-3）を考慮し、利益率の低い市場からの撤退を検討し、リソースをより収益性の高い市場に集中します。

- リスク管理の強化：技術革新による差別化失敗（pt-11）に備え、競合の動向を常に監視し、迅速に対応できる戦略を立てます。

1-12 考察ポイント

▶組織の内部環境と外部環境を総合的に把握し、戦略的な洞察を導き出しているか？

▶実際のビジネス環境に適用できるものか？

▶分析は長期的な視野に立った戦略に役立つ内容か？

▶分析の中身は単に現状の記述に留まらず、具体的な戦略や行動計画へとつながる提案を含んでいるか？

1-12 生成結果の考察

　強みと機会の組み合わせや、顧客ニーズの洞察に基づく戦略提案は秀逸で、市場の機会を捉えるための有益な視点を提供しています。

　しかし具体的な施策や行動計画は不明瞭で、長期的な視点や持続可能性への配慮の不足も気になります。より実践的な施策への落とし込みと、競合との差別化だけでなく自社の持続可能な成長も視野に入れた戦略の強化が求められます。よって自社で実行可能な施策が得られるまで、自社の情報を入力し直して再生成していきましょう。

Column ChatGPT に聞いてみた！

クロスSWOT分析を用いて戦略提案を行う中で、どのようにして市場機会を特定し、それに基づいて戦略を立案するかは重要な課題です。このステップを理解するために、ChatGPTに具体例を用いて市場機会の特定方法を聞きました。

User
市場機会の特定を事例を交えて解説してください。

ChatGPT

　音楽業界はデジタル化の波によって大きく変化しました。CD売上の減少と違法ダウンロードの増加に直面して、業界は新しい収益モデルを模索していました。

　Spotifyはこの変化をチャンスと捉えました。彼らは消費者・顧客が音楽を所有するのではなく、アクセスすることを求めているという市場ニーズを特定しました。また、違法ダウンロードによるアーティストとレコード会社の収益損失を解決する方法が必要だと認識しました。

　そこでSpotifyは広告サポートのある無料サービスと、有料のサブスクリプションサービスを提供することで、このニーズに応えることにしました。ユーザーは手軽かつ合法的に音楽をストリーミングできるようになり、アーティストやレコード会社は収益を得ることができました。

　この戦略によりSpotifyは急速に成長し、世界最大の音楽ストリーミングプラットフォームの1つとなりました。彼らは新しいビジネスモデルを通じて音楽業界に革命を起こし、消費者・顧客の音楽の聴き方を変えました。

　このように市場の変化と競合環境、消費者・顧客のニーズや不満を的確に把握することで、市場機会を発見することができるのです。

クロスSWOT分析を
やってみよう②（市場機会の仮説の更新）

▶ 1-11で導き出した市場機会の仮説に
SWOT分析の内容を加えてアップデート

準備編

1 PART

2 PART

3 PART

実践編

1 STEP

2 STEP

3 STEP

4 STEP

5 STEP

　クロスSWOT分析の結果を受けて、3C分析で立てた市場機会の仮説を更に具体的で精度の高いものに更新していきましょう。

　【 d – #入力情報 】に3C分析から導き出した市場機会の仮説を入力し、改めて市場機会の仮説の作成します。

1-13 ｜ プロンプト例

👤 User

#目的
クロスSWOT分析の結果から、市場機会の仮説を作成します。

#依頼
{#入力情報##3C分析の市場機会の仮説}と{#入力情報##クロスSWOT分析の結果}を加味すると、どのような市場機会が想定できますか。
想定される市場機会を、それぞれ200文字程度で示してください。
語頭を「ということは、」で始め、仮定形で示し、そこから考えられることを200文字程度で示してください。
語頭を「であれば、」で始め、仮定形で示してください。
市場機会を5個箇条書きで示してください。

#入力情報
##商品
チーズケーキ
##3C分析の市場機会の仮説 ◀ **1-11　生成文章より引用（P119）**
ダイエット中でも楽しめる低糖質スイーツを求める顧客がいるのであれば、

健康志向を一層強化した商品開発が求められます。

であれば、低糖質で高タンパクなスイーツの開発を進めることで、健康とおいしさを兼ね備えた製品を提供することが可能です。（市場機会8）

クロスSWOT分析の結果 ◀ **1-12** 生成文章より引用（P129）

積極攻勢（強み×機会）：

- フランススタイルのチーズケーキと健康志向製品の需要増：フランスで経験を積んだパティシエが作る独特のフランス風チーズケーキ（S-1）と健康志向製品への需要拡大（po-9）を組み合わせ、健康的かつ本格的なフランススイーツを市場に提供します。

- 地元素材の活用と税制優遇の活用：地元で持続可能に生産された原材料（S-5）を使用し、税制優遇（po-3）を利用してコストを抑えつつ、地域密着型のプロモーションを展開します。

- 限定品と高齢者市場へのアプローチ：限定品・新製品ハンターの注目（S-6）と高齢者市場の拡大（po-8）を利用して、高齢者向けの噛みやすく消化に良いスイーツ（cu-4）を特別ラインで発売。

弱点強化（弱み×機会）：

- デジタルマーケティングの強化：SNS・デジタルマーケティング未活用（W-6）と、見た目が美しく、SNS映えするスイーツの需要（cu-7）を組み合わせ、オンラインでのブランド認知度を高めるキャンペーンを実施します。

- 新製品開発での独自性強化：既存の商品に特異性がない（W-7）と感じられる問題を改善し、革新的な製品開発（po-12）を推進して市場での差別化を図ります。

差別化（強み×脅威）：

- おしゃれなチーズケーキの市場縮小リスク回避：おしゃれで見映えするチーズケーキ（S-4）と既存製品の市場縮小（pt-8）を防ぐため、新しいデザインやフレーバーの導入で常に市場の注目を集めます。

- エコ製品の開発：地域社会とのつながり（S-5）と環境配慮のない製品の拒絶（pt-9）に対応して、完全に持続可能な材料を使用した製品ラインを開発します。

防衛/撤退（弱み×脅威）：

- 市場撤退の検討：高コストの原材料（W-1）と増税によるコスト増（pt-3）を考慮し、利益率の低い市場からの撤退を検討し、リソースをより収益性の高い市場に集中します。

- リスク管理の強化：技術革新による差別化失敗（pt-11）に備え、競合

の動向を常に監視し、迅速に対応できる戦略を立てます。

#出力形式
あなたがブランド・マネージャーのペルソナとして回答していることを示す大切な要素なので、必ず忘れないであなたの名前を表示するようにしてください。
出力はマークダウン形式でお願いします。

#出力形式フォーマット
#市場機会1
- *ということは、・・・ではないか。
- *であれば、・・・。
#市場機会2
- *ということは、・・・。
- *であれば、・・・。
#・・・・
- *・・・・
- *・・・・

1-13 ChatGPTの生成文章

 うしくん

以下は、クロスSWOT分析と3C分析の結果から導出される市場機会に関する提案です。

市場機会1

- ということは、フランスで経験を積んだパティシエによる独特なチーズケーキが好評であれば、健康志向製品への需要増（po-9）と組み合わせることで、新たな健康的なフランススタイルのチーズケーキラインを開発するチャンスがあります。
- であれば、健康志向の消費者向けに特化した製品ラインを市場に導入し、その健康的な特性を前面に出したマーケティング戦略を展開することで、ブランドの新たな顧客層を開拓できます。

市場機会2

- ということは、地元素材を利用して製品を作る強み（S-5）があれば、税制優遇（po-3）を活用することで、コストを抑えながら地域社会に根ざしたプロダクトを提供できる可能性が高まります。
- であれば、地域の農産物を使った限定版チーズケーキを製造・販売することで、地域経済への貢献とブランドの地域密着度を同時に高めることができます。

市場機会3

- ということは、高齢者市場の拡大（po-8）と高品質で安全な食品を提供する能力を持っていれば、シニア向けの健康志向スイーツ市場でのポジションを確立できます。
- であれば、消化が良く、低糖質で栄養価の高いスイーツを開発し、シニア層に特化したマーケティングキャンペーンを行うことで、この成長市場でのシェアを拡大できます。

市場機会4

- ということは、SNS映えするスイーツ（cu-7）とデジタルマーケティングの未活用（W-6）を組み合わせれば、オンラインでの視認性と顧客エンゲージメントを高めることができます。
- であれば、インフルエンサーやSNSキャンペーンを積極的に活用し、視覚的に魅力的な製品のプロモーションに注力することで、特に若年層の顧客獲得を目指すべきです。

市場機会5

- ということは、革新的な製品開発の機会（po-12）と既存の商品の特異性の不足（W-7）を考慮すれば、市場で差別化された新しい製品ラインを開発する絶好の機会があります。
- であれば、最新の食品技術を活用してユニークなフレーバーや食感を持つチーズケーキを開発し、製品のユニークさを前面に出して市場に投入することで、競合との差別化を図れます。

1-13 考察ポイント

▶分析が組織の内部環境と外部環境の要素を適切に組み合わせているか？

▶仮説が組織のリソースと能力を考慮したうえで実現可能か？　競合との差別化が図れるか？

▶仮説が前回の 3C 分析から進化し、解像度が高くなっているか？

1-13 生成結果の考察

　ここでは 5 つの仮説が提示されていますが、最も評価できるのは市場機会 1 です。案 1 は健康志向の高まりとフランス独特の製法を組み合わせるという点で、内部環境の強みと外部環境の機会を高度に融合させています。解決策として健康志向の女性に特化した新しいチーズケーキやデザートラインの開発を提案していますが、この施策は実現可能であり、競合との差別化も図れるため他の案より高く評価できます。具体的な製品開発の方向性を示している点でも、前回の 3C 分析からの具体性を感じます。

　一方で市場機会 5 はプレミアム製品と高価格帯の導入を組み合わせ、高級市場での展開を推奨しています。この仮説は内部環境と外部環境の組み合わせとしては有効ですが、実現可能性と競合との差別化の点では具体性に欠けます。高級市場は競争が激しく、差別化を図るにはより独創的なアイデアや明確な実行計画が必要です。また、この仮説は前回の 3C 分析からの新たな洞察が明確には感じられず、他の案と比べてあまり評価できません。

実践編 | STEP 1　まとめ

　ブランド構築 STEP 1 は、みなさんの事業、商品・サービスの可能性を見つけ出すためのステップでした。そこには新規顧客の発見、新しい市場領域への進出、これまで見過ごしていたかもしれない消費者ニーズへの対応などが含まれます。

　STEP 1 でのポイントは市場の現状を深く理解し、消費者・顧客の求める価値を提供する商品・サービスを創出することにあります。市場や競合の活動を分析し、自社の強みを生かしながら消費者・顧客の満たされていないニー

ズを特定することで、市場の機会を探ります。市場機会を特定することで競争上の優位性を確立し、持続可能な成長を実現するための戦略を立てることが可能になります。

市場機会の仮説を絞り込む

　クロスSWOT分析で市場機会の仮説を複数生成した場合、この後のプロセスを効果的に進めるために、どれか一つの仮説に絞り込む必要があります。

　仮説を絞り込む際は、それぞれの仮説が自社の長期戦略と一致し、実現可能であるかを評価することが重要です。自社のリソースで実行可能か、期間やコストを見積もります。また、競合他社と差別化できるか、市場の成長性があるかを確認します。さらに、顧客のニーズや市場トレンド、外部環境の変化に対応しているかを見極めることで、最も適した仮説を選びます。

　ChatGPTに仮説の順位づけとその理由を記述することを依頼して、適切な仮説を選択する参考するのも良いでしょう。

Generate Knowledge

　プロンプトエンジニアリングの手法の1つに、Generate Knowledgeという手法があります。ChatGPTに特定の問題に対する明確で具体的なプロンプトを与えることで、モデルが保持している知識を効果的に引き出し、新たなデータや解答を提供させます。これにより、ChatGPTは与えられたプロンプトに基づいて情報を整理し、ユーザーに有用な知識を提供します。

Generate Knowledgeを用いないプロンプト例

 User

環境保護について教えてください。

ChatGPTの生成文章

 ChatGPT

企業が行っている具体的な環境保護の取り組みについて教えてください。特に、再生可能エネルギーの使用やリサイクルの推進について、事例を挙げて説明してください。

Generate Knowledgeを用いたプロンプト例

 User

企業が行っている具体的な環境保護の取り組みについて教えてください。特に、再生可能エネルギーの使用やリサイクルの推進について、事例を挙げて説明してください。

ChatGPT

企業が行っている具体的な環境保護の取り組みとして、Googleは再生可能エネルギーの使用を積極的に進めています。2017年には、全社の電力消費を100%再生可能エネルギーで賄うことを達成しました。これは、風力発電や太陽光発電の購入契約を結ぶことで実現しました。また、リサイクルの推進に関しては、パタゴニア社が有名です。パタゴニアは製品の回収プログラムを実施し、使用済みの製品をリサイクルして新しい製品に再利用する取り組みを行っています。

　プロンプトと結果を比較すると、Generate Knowledgeを用いない場合のプロンプトでは基本的な情報が得られるものの、具体的な予測や影響については触れられません。一方、Generate Knowledgeを用いる場合、プロンプトは特定のトピックに焦点を当て、現在のトレンドや技術の進歩を基にした詳細な予測や影響についての情報を提供します。この手法により、ユーザーは目的に沿った、実用的で深い知識を得ることができ、情報の有用性が大幅に向上します。

市場細分化
（セグメンテーション）

準備編

1 PART

2 PART

3 PART

実践編

1 STEP

2 STEP

3 STEP

4 STEP

5 STEP

顧客の視点で市場を分けていく

この章では前章で得られた市場機会の仮説を基に、ブランド構築のSTEP 2となる「市場細分化(セグメンテーション)」を行っていきます。

セグメンテーションは、ブランド構築において重要な「誰に、どのような価値を提供するのか?」を明確にするためのステップです。そのポイントは、自社の事業・商品・サービスが所属する市場を、顧客の視点から「細分化」することです。年齢・性別・居住地・職業・収入など多様な基準で分析していきます。

注意すべきは、この段階での目的は市場を「分けること」であり、「選ぶこと」を同時に行ってはいけないということです。ここでは分けることに集中し、選ぶこと=ターゲティングは次章に任せましょう。

セグメンテーションは「基本セグメント」と「固有セグメント」の2つに分けられます。

基本セグメントとは、どんな事業・商品・サービスのブランド構築を行う際にも共通して必要なテーマです。具体的には年齢・性別・職業・居住地域・家族構成・年収・趣味・情報収集の方法などが挙げられます。

一方、固有セグメントとはブランド構築の対象となる事業に固有のテーマを指します。飲食店の場合なら「1ヵ月あたりの食費」や「外食の頻度」、作業靴の事業なら「購入用途」や「作業靴選びのポイント」など特定の商品やサービスに直接関わるテーマのことです。

市場細分化とは、こうした基本セグメントと固有セグメントを設定し、それぞれの観点から市場を分割するプロセスです。このプロセスを通じて自社の商品・サービスがどの市場で収益を生む可能性があるかを明確にして、次のステップであるターゲティングに進む準備を整えます。

基本セグメントを細分化しよう

▶ まず普遍的な細分化要素である
「基本セグメント」の選択肢を抽出する

準備編

1 PART
2 PART
3 PART

実践編

1 STEP
2 STEP
3 STEP
4 STEP
5 STEP

　先に述べたように基本セグメントは事業・商品・サービスを問わず共通するテーマです。ここでは基本的に想定されるカテゴリーを前提に各カテゴリーの選択肢を抽出していきます。この他にも自社の商品・サービスに応じて必要となる基本セグメントのカテゴリーがあるので、対象となる商品・サービスに応じてカテゴリーを追加して、選択肢を抽出しましょう。

　今回のプロンプトでは前章で得られた市場機会を参考に、各項目がどのように分けられるか、理由と共に選択肢を生成するよう指示します。【 **A** -#入力情報 】にP138で絞り込んだ市場機会の仮説と基本セグメントの項目を入れましょう。今回は、項目を入力情報として設定していますが、自社の商品・サービスに合わせてChatGPTで生成することも可能です。

2-01 ｜ プロンプト例

User

#目的
市場のセグメンテーションを行います。

#依頼
{#入力情報##項目}について、{#入力情報##市場}をセグメンテーションする場合、どのような選択肢が考えられるかしめしてください。

A ー #入力情報
##市場 ◀ 1-13 生成文章より引用（P135）
フランスで経験を積んだパティシエによる独特なチーズケーキが好評であれば、健康志向製品への需要増（po-9）と組み合わせることで、新たな健

康的なフランススタイルのチーズケーキラインを開発するチャンスがあります。
であれば、健康志向の消費者向けに特化した製品ラインを市場に導入し、その健康的な特性を前面に出したマーケティング戦略を展開することで、ブランドの新たな顧客層を開拓できます。（市場機会1）
##項目
年齢、性別、職業、家族構成、世帯年収、居住地域、移動手段、情報収集、購買動機、志向性

#出力形式
各項目の選択肢は3個以上5個以下ずつ示してください。それぞれ、提示された選択肢に分けた理由を提示してください。
あなたがブランド・マネージャーとして回答していることを示す大切な要素なので、必ず忘れないであなたの名前を表示するようにしてください。
出力はマークダウン形式でお願いします。

#出力形式フォーマット
##年齢
-*選択肢
-*選択肢
-*選択肢
・・・・
-*理由
##性別
-*選択肢
-*選択肢
-*選択肢
-*選択肢
・・・・
-*理由
##職業
-*選択肢
-*選択肢
-*選択肢
・・・・

準備編

1 PART

2 PART

3 PART

実践編

1 STEP

2 STEP

3 STEP

4 STEP

5 STEP

2-01 ChatGPTの生成文章

 うしくん

以下は、独特なフランス式チーズケーキ市場をセグメンテーションする際の各項目に対する選択肢とその理由を以下に述べます。

年齢

- 20代
- 30代
- 40代
- 50代以上
- 理由：これらの年齢層ごとに健康志向や商品に対する価値観、購買力が異なるため。

性別

- 女性
- 男性
- その他
- 理由：女性を主要ターゲットとしつつ、他性別へのアプローチも視野に入れるため。

職業

- オフィスワーカー
- フリーランサー
- 主婦
- 学生
- 理由：職業ごとにライフスタイルや購買動機が異なり、商品アピールの方法を変えるべきだから。

家族構成

- 単身

- ペア（配偶者・パートナーあり）
- 子どもあり
- 理由：家族構成によって購買行動や優先順位が変わる可能性があるから。

世帯年収

- 400万円以下
- 400万円～800万円
- 800万円以上
- 理由：年収別に贅沢感やコストパフォーマンスをどれくらい重視するか
が変わるから。

居住地域

- 都市部
- 郊外
- 地方
- 理由：居住地域ごとのライフスタイルやトレンド、利用可能な店舗・配
送サービスが異なるため。

移動手段

- 車
- 公共交通機関
- 自転車・徒歩
- 理由：移動手段が購買行動に影響をもたらし、どこで商品に触れる可能
性が高いかを理解するため。

情報収集

- SNS（Instagram、Facebookなど）
- インターネット検索
- 友人・知人からの口コミ
- 雑誌・テレビ
- 理由：メディア選定や広告配信、口コミ戦略を構築するうえで情報収集

チャネルの理解が必要だから。

購買動機

- 健康のため
- ダイエットのため
- 他人へのギフト
- 理由：購買動機が商品開発やマーケティングメッセージに影響を与えるため。

志向性

- オーガニック志向
- ローカロリー志向
- ビーガン志向
- 理由：健康志向がどの方向にあるかで商品開発の詳細やアピールポイントを変えるべきだから。

2-01 考察ポイント

▶市場を細分化するために使用される基準が適用されているか？

▶細分化の基準は市場の実態に沿っているか？

▶細分化の項目は特定の商品・サービスに対する消費者・顧客のニーズや志向を捉えているか？

▶細分化された各セグメントは明確で理解しやすいか？

▶各セグメントは市場全体の視点から考慮されているか？

2-01 生成結果の考察

　生成結果を見ると、年齢、性別、職業などの基本的な分類基準が網羅されており、それぞれのカテゴリーに適切な理由が付けられています。これにより様々な顧客層のニーズやライフスタイルを捉えたマーケティング戦略を立

てることが可能です。特に健康志向やオーガニック志向などの志向性を考慮している点は市場機会の仮説とマッチしており、ターゲット顧客の深い理解につながります。

　ただし、いくつかの分類基準に関しては、より具体的な細分化が必要です。たとえば居住地域や移動手段に関しては、都市部や郊外といった分類より、地理的特性や生活習慣に基づいたほうが有効かもしれません。また、顧客がどのように情報を取得し、どのような情報源を信頼しているか理解を深めることが、より効果的なコミュニケーション戦略につながります。

固有セグメントの
セグメントテーマを決定しよう

▶ その事業に特有のカテゴリーは何か？
▶ 想定されるセグメントテーマを列挙してみる

準備編

1 PART

2 PART

3 PART

実践編

1 STEP

2 STEP

3 STEP

4 STEP

5 STEP

　次は事業やサービスに直接関わる固有セグメントの視点で市場を細分化していきます。まず細分化の前に、その事業に特有のどんなカテゴリーが想定されるかを生成します。

　【 B ─ #入力情報 】にP138で絞り込んだ市場機会の仮説を入力します。【 C ─ #出力形式 】には想定されるセグメントテーマだけでなく、いくつかのセグメントテーマをまとめた名称とそのセグメントテーマを生成した理由も表示するよう指示します。

2-02 プロンプト例

 User

#目的
{#入力情報##市場}のセグメンテーションを行います。

#依頼
{#入力情報##市場}の固有セグメントとなるような項目を10個作成してください。
固有セグメントとは、対象の事業、製品、サービスに直接的に関わるセグメントテーマです。
例：購入する目的、購入する決め手、・・・

B ─ #入力情報
##市場 ◀ **1-13 生成文章より引用（P135）**
フランスで経験を積んだパティシエによる独特なチーズケーキが好評であれば、健康志向製品への需要増（po-9）と組み合わせることで、新たな健

康的なフランススタイルのチーズケーキラインを開発するチャンスがあります。

であれば、健康志向の消費者向けに特化した製品ラインを市場に導入し、その健康的な特性を前面に出したマーケティング戦略を展開することで、ブランドの新たな顧客層を開拓できます。（市場機会1）

C #出力形式
出力する際には、いくつかの項目を取りまとめた大項目も表示してください。
また、市場を分ける固有セグメントの項目とした理由も表示してください。
あなたがブランド・マネージャーとして回答していることを示す大切な要素なので、必ず忘れないであなたの名前を表示するようにしてください。
出力はマークダウン形式でお願いします。

#出力形式フォーマット
#大項目名
##項目
-*理由
##項目
-*理由
・・・・

#大項目名
##項目
-*理由
##項目
-*理由
・・・・

2-02 ChatGPTの生成文章

 うしくん

以下は、健康志向とフランス式チーズケーキを融合させた製品に特化した市場セグメントの提案です。

製品属性

購入する目的

- 理由：ターゲット層が健康志向であるため、購入する理由（健康、美容、楽しみ、ギフト等）の違いを明確にすることでマーケティングメッセージを最適化するため。

購入する決め手

- 理由：各顧客の価値観や優先順位を把握し、製品やマーケティング戦略をアピールポイントに反映させるため。

消費者特性

健康意識の程度
- 理由：健康をどれだけ重視しているかで、製品のアピールポイントやコミュニケーションの方法を変えるため。

アレルギー情報

- 理由：アレルギー保有者もしくは家族がいるかで、商品選びに影響がある可能性があるため。

購買行動

購買頻度

- 理由：どれだけリピート購入があるのかを把握し、リピーター向けのマーケティング戦略を考えるため。

購入場所の選定基準

- 理由：物流、販売チャネルの最適化や店舗選定の参考とするため。

コミュニケーション

信頼する情報源

- 理由：顧客の信頼を得やすい情報源を把握し、効果的なプロモーション活動を展開するため。

インフルエンサーに対する感じ方

- 理由：インフルエンサーマーケティングが有効かどうかを評価し、戦略に組み込むため。

ライフスタイル

スポーツ/フィットネスへの参加度

- 理由：健康志向とスポーツ/フィットネスへの興味は相関があると考えられ、コラボレーションやイベント開催を検討する際の参考にするため。

お菓子・デザートに対する支出

- 理由：月々どれだけお菓子・デザートに支出しているかで、価格設定やプロモーションを計画する材料とするため。

これらのセグメントを元に、顧客理解を深め、製品開発やマーケティング戦略をブラッシュアップしていくことが重要です。これにより、製品がターゲットとする顧客層にきちんとメッセージが届くと考えています。

2-02 考察ポイント

▶自社の商品・サービスに特化したテーマや要素をどれだけ的確に抽出しているか？

▶各セグメントが商品・サービスの特性をどれだけ反映し、市場のニーズとどのように連動しているか？

2-02　生成結果の考察

　特定の市場に特化しており、消費者・顧客の多様なニーズに応えるためのカテゴリーを幅広くカバーしています。製品属性、消費者属性、購買行動、コミュニケーション、ライフスタイルといった多角的な視点からターゲット市場の理解を深めようとしています。特に健康志向、アレルギー情報、信頼する情報源などは健康志向の高い女性層を詳しく知るうえで重要なカテゴリーになり得るものです。

SECTION
2-03

固有セグメントのテーマを更に細分化しよう

▶ その事業に適したカテゴリを見つけたら、
カテゴリーに対応する選択肢を設定する

　固有セグメントとして活用できるカテゴリーは生成できたので、次は各カテゴリーの中身を細分化した選択肢を設定します。

　【**D**−#入力情報】にP138で絞り込んだ市場機会の仮説と固有セグメントのカテゴリを入力し、具体的な選択肢を表示するよう指示します。

2-03　プロンプト例

User

#目的
{#入力情報##市場}のセグメンテーションを行います。

#依頼
{#入力情報##項目}について、{#入力情報##市場}を固有セグメントでセグメンテーションする場合、どのような選択肢が考えられるか示してください。

D−#入力情報
##市場 ◀ **1-13** 生成文章より引用（P135）
フランスで経験を積んだパティシエによる独特なチーズケーキが好評であれば、健康志向製品への需要増（po-9）と組み合わせることで、新たな健康的なフランススタイルのチーズケーキラインを開発するチャンスがあります。
であれば、健康志向の消費者向けに特化した製品ラインを市場に導入し、その健康的な特性を前面に出したマーケティング戦略を展開することで、ブランドの新たな顧客層を開拓できます。（市場機会1）

項目
購入決定要因
購入する目的
購入の決め手

消費者特性
健康意識の程度
ライフスタイル

製品選択基準
健康成分に対する好み
フランス式製法に対する認識

価値観と環境意識
環境保護への関心
製品の倫理性

マーケティングチャネル
情報源
購入場所の好み

出力形式
各項目の選択肢は３個以上５個以下ずつ示してください。それぞれ、提示された選択肢に分けた理由を提示してください。
あなたがブランド・マネージャーとして回答していることを示す大切な要素なので、必ず忘れないであなたの名前を表示するようにしてください。
出力はマークダウン形式でお願いします。

出力形式フォーマット
購入決定要因
購入する目的
-*選択肢
-*選択肢
-*選択肢
・・・・

```
- *理由
#### 購入する決め手
- *選択肢
- *選択肢
- *選択肢
- *選択肢
・・・・
- *理由
### 消費者特性
#### 健康意識の程度
- *選択肢
- *選択肢
- *選択肢
・・・・
```

2-03 ChatGPTの生成文章

 うしくん

以下に、フランスで経験を積んだパティシエによる健康志向のフランスス
タイルチーズケーキ市場に対するセグメンテーションの選択肢を示します。

購入決定要因
購入する目的
- 健康維持
- 美容・アンチエイジング
- ストレスリリーフ
- ギフト
- 自己ご褒美
- 理由：健康志向の女性が購入を動機づけられる可能性があるシチュエー
ションやニーズを把握するため。

購入する決め手
- 原材料の質
- フランス式製法のアピール

- パッケージング
- 味
- カロリー・栄養成分
- 理由：顧客が製品を選定する際に重視するポイントを把握し、製品開発やマーケティングに反映するため。

消費者特性
健康意識の程度
- 高度な健康志向（日常的な健康行動実施）
- モデレートな健康志向（適度な健康行動実施）
- ソフトな健康志向（ある程度の健康行動実施）
- 理由：ターゲット層の健康に対する価値観や行動を理解し、メッセージングやプロモーションに反映するため。

アレルギー情報
- ナッツアレルギー
- グルテンアレルギー
- 卵アレルギー
- 乳製品アレルギー
- 特になし
- 理由：ターゲット顧客が持つ可能性のあるアレルギーを理解し、製品開発やコミュニケーションに考慮するため。

購買行動
購買頻度
- 週に1回以上
- 月に1～3回
- 月に1回未満
- 理由：顧客の購入パターンを把握し、在庫管理やプロモーションタイミングを最適化するため。

購入場所の選定基準
- 品揃えの豊富さ
- アクセスの良さ
- 店舗の雰囲気

- スタッフの対応
- オンラインショップ利用
- 理由：販売チャネルの最適化や店舗運営の改善ポイントを把握するため。

コミュニケーション
信頼する情報源

- SNS（Instagram、Xなど）
- ブログやレビューサイト
- 友人・知人からの口コミ
- 雑誌・メディア
- 公式ウェブサイト
- 理由：ターゲット層がどこで情報を取得し、どの情報源を信頼しているかを把握し、マーケティングコミュニケーションの戦略を策定するため。

インフルエンサーに対する感じ方

- ポジティブ（信頼している）
- ニュートラル（特に感じなし）
- ネガティブ（信頼していない）
- 理由：インフルエンサーマーケティングの有効性を検討し、そのアプローチ方法を考えるため。

ライフスタイル
スポーツ/フィットネスへの参加度

- アクティブ（週に数回は運動している）
- モデレート（月に数回程度運動している）
- パッシブ（ほとんど運動していない）
- 理由：健康意識の程度と運動習慣との関連を理解し、製品のメリットをどのようにアピールすべきかのヒントを得るため。

お菓子・デザートに対する支出

- 高支出（月に10,000円以上）
- 中支出（月に5,000円～10,000円）
- 低支出（月に5,000円未満）
- 理由：お菓子・デザートに対してどれだけの予算を持っているのかを把握し、価格設定やプロモーション、新製品開発の方向性を考える材料にす

るため。

これらのセグメンテーションを通じて、目標となる市場がどのような特性を持っているのかを理解することができます。また、それぞれのセグメントに特化したマーケティングアプローチや製品開発を進めることで、市場全体での競争力を高めることができます。具体的な戦略やアクションプランの設計には、この分析結果を基に具体的な顧客のニーズやインサイトを取り入れながら進めてまいりましょう。

2-03 考察ポイント

▶ 各カテゴリーの属性はブランド固有の特徴や市場の独特なニーズに合致しているか？

▶ 市場の細かいニーズや特性を捉え、ターゲティングのための具体的な基準が提供されているか？

2-03 生成結果の考察

　ターゲット市場である「健康志向の高い女性向けの新しいチーズケーキやデザートライン」に特化した要素をうまく取り入れているのは良い点です。各属性は具体的で、ターゲット顧客の購買動機や行動パターン、ライフスタイルに深く関連しています。また、マーケティングや商品開発における具体的な方針を提供しているのも有用でしょう。特に、健康意識の程度、アレルギー情報、購買頻度などは製品のポジショニングやコミュニケーション戦略を策定するうえで重要な要素です。

　改善の余地としては、消費者・顧客の志向や価値観を反映するより、具体的な追加属性を検討することが挙げられます。たとえば食生活における特定の傾向（近年はグルテンフリーなどに敏感な女性も多い）や、購買決定に影響を与える個人的な信念などを取り入れると、さらにターゲット市場の理解を深めることができるでしょう。市場の変動や新しいトレンドを敏感に取り入れ、定期的に属性を見直すことも重要です。

実践編｜STEP 2　まとめ

　市場を細分化し、選択肢を挙げていくことで、仮説がより具体的にイメージできるようになりましたか？

　この章の冒頭で述べたように、ここではセグメントのテーマを挙げて分けることが目的でした。繰り返しになりますが、ここでの注意点は、セグメンテーションとターゲティングは決して同時に行ってはいけないということです。両者を一緒に行った場合、自身の思い込みで見込み客を選定してしまう危険性があります。

CoT(Chain-of-Thought)

　プロンプトエンジニアリングの手法の1つに、CoTという手法があります。複雑な問題を解く過程をAIにステップバイステップで説明させる手法です。これにより、AIはより深く理解しやすい形で問題を解析し、結論に至ります。このアプローチは、特に数学やロジックを要する問題で有効です。

CoTを用いないプロンプト例

 User

4人が1時間で掘れる穴は1つです。8人が同じ穴を掘った場合、何時間で掘れますか？

ChatGPTの生成文章

 ChatGPT

0.5時間

CoTを用いたプロンプト例

 User

4人が1時間で掘れる穴は1つです。8人が同じ穴を掘った場合、何時間で掘れますか？　解答の過程を詳しく説明してください。

ChatGPT

4人が1時間で1つの穴を掘るので、人数が倍になると、必要な時間は半分になります。したがって、8人ならば、必要な時間は1時間の半分、つまり30分で1つの穴を掘ることができます。

結果を比較すると、どちらも回答は同じですが、CoTを用いた場合、ChatGPTがどのようにして答えにたどり着いたのかが明確に示されます。これにより、回答の背後にある論理が理解しやすくなり、我々がChatGPTの生成結果を信頼しやすくなります。

また、問題解決の手順を学び、自身で類似の問題に取り組む際の理解が深まりますし、解答プロセスが示されることで、もし間違いがあればどこで誤りが生じたのかを特定しやすくなります。単に結果だけが示される場合と比較すると、より多くの情報を得ることができます。

STEP

3

見込み客の選定
（ターゲティング）

準備編

1 PART

2 PART

3 PART

実践編

1 STEP

2 STEP

3 STEP

4 STEP

5 STEP

自社の製品を評価してくれるのはどんな人か？

　前章で行った「市場細分化（セグメンテーション）」を受けて、この章では「見込み客の選定（ターゲティング）」を行います。

　ターゲティングは、セグメンテーションによって細分化された市場の中から、実践編STEP 1で得られた市場機会の仮説を最も高く評価してくれる見込み客を選定する行為です。簡単に言えばセグメンテーションで「分けた」後、ターゲティングで「選ぶ」という流れになります。

　ターゲティングでは、既存の顧客と未来の見込み客を区別します。未来の見込み客には競合他社の商品・サービスを使っている人や、自社の事業・商品・サービスに興味を持っていない人も含まれます。適切な見込み客を見定めれば、自社のビジネスを飛躍的に伸ばすチャンスが訪れます。

　ターゲティングのもうひとつの重要なステップは「ペルソナ」の作成です。

　ペルソナは見込み客がどんな人なのか、架空の人物像を特定する作業で、具体的な個人像を描き出します。このペルソナ作成には名前・年齢・性別・職業・家族構成・居住地域・性格・趣味・価値観などプロフィールの詳細が必要になります。

　ペルソナを具体化することで見込み客のイメージが明確になり、ブランドメッセージをどの場面で、どのように伝えるかがクリアになります。それはブランド戦略に一貫性をもたらします。また、ブランド構築に携わる全員がペルソナを共有することで、明確で具体的な共通のイメージを持つことができます。

見込み客の属性リストを
作ってみよう

▶ 想定する顧客はどのような人物か?
年齢、性別、職業といった属性を分析する

準備編

1 PART

2 PART

3 PART

実践編

1 STEP

2 STEP

3 STEP

4 STEP

5 STEP

　ターゲティングを始めるにあたってまず最初に行うのは、前章で作成した基本セグメント、固有セグメントのカテゴリー別選択肢から、市場機会の仮説に合う要素をまとめた「属性リスト」を作ることです。属性リストは見込み客のペルソナや想定顧客のプロフィールを作るための基礎的材料になるものです。

　【 **A**-#入力情報 】にP138で絞り込んだ市場機会の仮説と、実践編STEP 2で得られた市場を細分化した際のセグメント項目を入力します。ここではセグメント項目が長いため省略しています。【 **B**-#出力形式フォーマット 】にはそれぞれの項目で選択した属性と選択理由を表示するよう指示しました。

3-01	プロンプト例

 User

#目的
{#入力情報##市場}のセグメンテーションを行うために、属性リストを作成します。

#依頼
{#入力情報##市場}の顧客は、どのような属性を持っているか{#入力情報##セグメント項目（基本）}、{#入力情報##セグメント項目（固有）}毎に選択肢から1つ選択してください。
項目を選択した理由についても示してください。
選択肢に該当するものが無ければ新たに選択肢を追加してください。
追加した選択肢には、追加したことがわかるように（追加）と記載してください。

A ─ # 入力情報

市場 ─ **1-13** 生成文章より引用（P135）

フランスで経験を積んだパティシエによる独特なチーズケーキが好評であれば、健康志向製品への需要増（po-9）と組み合わせることで、新たな健康的なフランススタイルのチーズケーキラインを開発するチャンスがあります。

であれば、健康志向の消費者向けに特化した製品ラインを市場に導入し、その健康的な特性を前面に出したマーケティング戦略を展開することで、ブランドの新たな顧客層を開拓できます。（市場機会1）

セグメント項目（基本）─ **2-01** 生成文章より引用（P145）

年齢

- 20代
- 30代
- 40代
- 50代以上
- 理由：これらの年齢層ごとに健康志向や商品に対する価値観、購買力が異なるため。

性別

- 女性
- 男性
- その他
- 理由：女性を主要ターゲットとしつつ、他性別へのアプローチも視野に入れるため。

職業

- オフィスワーカー
- フリーランサー
- 主婦
- 学生
- 理由：職業ごとにライフスタイルや購買動機が異なり、商品アピールの方法を変えるべきだから。

家族構成

- 単身
- ペア（配偶者・パートナーあり）
- 子どもあり

- 理由：家族構成によって購買行動や優先順位が変わる可能性があるから。

世帯年収

- 400万円以下
- 400万円～800万円
- 800万円以上
- 理由：年収別に贅沢感やコストパフォーマンスをどれくらい重視するかが変わるから。

居住地域

- 都市部
- 郊外
- 地方
- 理由：居住地域ごとのライフスタイルやトレンド、利用可能な店舗・配送サービスが異なるため。

移動手段

- 車
- 公共交通機関
- 自転車・徒歩
- 理由：移動手段が購買行動に影響をもたらし、どこで商品に触れる可能性が高いかを理解するため。

情報収集

- SNS（Instagram、Facebookなど）
- インターネット検索
- 友人・知人からの口コミ
- 雑誌・テレビ
- 理由：メディア選定や広告配信、口コミ戦略を構築するうえで情報収集チャネルの理解が必要だから。

購買動機

- 健康のため
- ダイエットのため
- 他人へのギフト
- 理由：購買動機が商品開発やマーケティングメッセージに影響を与えるため。

志向性

- オーガニック志向
- ローカロリー志向

- ビーガン志向
- 理由：健康志向がどの方向にあるかで商品開発の詳細やアピールポイントを変えるべきだから。

セグメント項目（固有） ◀ **2-03** 生成文章より引用（P156）

購入する目的
- 健康維持
- 美容・アンチエイジング
- ストレスリリーフ
- ギフト
- 自己ご褒美

購入する決め手
- 原材料の質
- フランス式製法のアピール
- パッケージング
- 味
- カロリー・栄養成分

健康意識の程度
- 高度な健康志向（日常的な健康行動実施）
- モデレートな健康志向（適度な健康行動実施）
- ソフトな健康志向（ある程度の健康行動実施）

アレルギー情報
- ナッツアレルギー
- グルテンアレルギー
- 卵アレルギー
- 乳製品アレルギー
- 特になし

購買頻度
- 週に１回以上
- 月に１～３回
- 月に１回未満

購入場所の選定基準
- 品揃えの豊富さ
- アクセスの良さ
- 店舗の雰囲気
- スタッフの対応

- オンラインショップ利用
信頼する情報源
- SNS（Instagram、Xなど）
- ブログやレビューサイト
- 友人・知人からの口コミ
- 雑誌・メディア
- 公式ウェブサイト
インフルエンサーに対する感じ方
- ポジティブ（信頼している）
- ニュートラル（特に感じなし）
- ネガティブ（信頼していない）
スポーツ/フィットネスへの参加度
- アクティブ（週に数回は運動している）
- モデレート（月に数回程度運動している）
- パッシブ（ほとんど運動していない）
お菓子・デザートに対する支出
- 高支出（月に10,000円以上）
- 中支出（月に5,000円〜10,000円）
- 低支出（月に5,000円未満）

出力形式
あなたがブランド・マネージャーとして回答していることを示す大切な要素なので、必ず忘れないであなたの名前を表示するようにしてください。出力はマークダウン形式でお願いします。

出力形式フォーマット
セグメント項目（基本）
年齢
-**20〜24歳**
選択した理由：・・・・
セグメント項目（固有）
購入する目的
-**自分へのご褒美**
選択した理由：・・・・
購入する決め手

-**見た目（追加）**
選択した理由：・・・・

3-01 ChatGPTの生成文章

 うしくん

以下に、新たな健康的なフランススタイルのチーズケーキ市場における顧客属性の選択とその理由を示します。

セグメント項目（基本）

年齢

選択：**30代**

選択した理由：30代の女性は、美容や健康に関心を持ち始める年代であり、新しい商品や健康志向の製品に対する関心が高まる可能性があるため。

性別

選択：**女性**

選択した理由：主要ターゲットが女性であることから、女性のニーズや価値観を深く理解する必要があるため。

職業

選択：**フリーランサー**

選択した理由：フリーランサーは比較的自由なライフスタイルを持っているため、健康への意識も高く、質の良い食材や製品に対して支出を惜しまない傾向があります。また、フレキシブルな時間を活用して健康に良い食生活を求めることが多いと考えられます。

家族構成

選択：**子どもあり**

選択した理由：子どものいる家庭は、家族全体の健康を考えるため、健康的な食品選びに積極的です。特に子どもの健康を考える親は、添加物が少なく栄養価の高い食品を選びがちで、新しい健康的なチーズケーキラインへの関心も高いと予想されるため。

世帯年収

選択：**400万円～800万円**

選択した理由：この年収帯は、新しい製品に対する購買意欲がありつつも、価格感に敏感である可能性が高いため。

居住地域

選択：**都市部**

選択した理由：都市部の女性はトレンドに敏感で、健康や美容に対する関心も高いと考えられるため。

移動手段

選択：**公共交通機関**

選択した理由：都市部のオフィスワーカーは公共交通機関を利用する機会が多く、移動中にSNSやインターネットで情報収集を行う傾向があるため。

情報収集

選択：**SNS（Instagram、Facebookなど）**

選択した理由：若い女性の間でSNSは主要な情報源となっており、新しい製品やトレンドを知るための手段として利用されているため。

購買動機

選択：**健康のため**

選択した理由：健康志向の高まりを背景に、健康のための購入が増えると予想されるため。

志向性

選択：**オーガニック志向**

選択した理由：オーガニック商品に対する需要が増えており、健康や環境に配慮した製品を求める消費者が増えているため。

セグメント項目（固有）

購入する目的

選択：**健康維持**

選択した理由：今回の商品開発の主要なコンセプトが健康志向であるため、健康維持を目的とする消費者をターゲットにしたいため。

購入する決め手

選択：**原材料の質**

選択した理由：健康志向の女性は、商品の品質や原材料に対するこだわりが強いと予想されるため。

健康意識の程度

選択：**高度な健康志向（日常的な健康行動実施）**

選択した理由：高度な健康志向の消費者は、品質や原材料に対する要求が高く、製品の差別化を図るうえで重要なターゲットとなると考えられるため。

アレルギー情報

選択：**特になし**

選択した理由：幅広いターゲットにアピールするため、アレルギー情報に特化した商品開発よりも、多くの消費者に受け入れられる商品を開発する方針を取りたいため。

購買頻度

選択：**月に1〜3回**

- 理由：健康志向の高い30代の女性である美穂は、質の高い商品や食材を選ぶ傾向があると考えられます。このため、日常的な頻繁な購入よりも、必要に応じて月に数回の購入をするパターンが考えられます。また、より質の良いものを選ぶための情報収集や、友人や知人からの口コミを待つことも、購買のタイミングを遅らせる要因となると考えられます。

購入場所の選定基準

選択：**品揃えの豊富さ**

- 理由：健康志向や特定のダイエット法を実践する美穂は、特定の食材や製品を求めることが多いと考えられます。そのため、多様な商品を取り扱っている店舗や、専門的な品揃えがされている店舗を好む傾向があると予想されます。また、高品質な製品を選ぶためには、豊富な品揃えから選べることが重要であり、美穂の購入行動に大きく影響していると考えられます。

信頼する情報源

選択：**友人・知人からの口コミ**

- 理由：30代の女性、特に健康志向の女性は、身近な人たちの実体験に基づく情報を非常に信頼しています。直接の体験談や勧めは、ほかの情報源よりも信頼感が高くなります。

インフルエンサーに対する感じ方

選択：**ポジティブ（信頼している）**

- 理由：健康やライフスタイルに関連するインフルエンサーは、特定のターゲット層に大きな影響を持つことが多いのです。美穂という架空のキャラクターが信頼するインフルエンサーが推奨する商品やサービスに対して、興味を持ちやすいと予想されます。

スポーツ/フィットネスへの参加度

選択：**アクティブ（週に数回は運動している）**

- 理由：健康志向の高い30代の女性は、定期的に運動を行い、自身の健康を維持することを重視すると考えられます。そのため、美穂は週に数回の運動を取り入れていると予測されます。

お菓子・デザートに対する支出

選択：**中支出（月に5,000円〜10,000円）**

- 理由：健康志向の高い美穂は、お菓子やデザートの選び方にもこだわりがあり、質を重視する傾向があります。そのため、高品質なデザートやオーガニックなお菓子に投資することが考えられますが、過度な支出は控える性格であると推定されます。

これらのセグメント化は、市場戦略を精緻化し、顧客ニーズに合わせて製品を適切に配置するのに役立ちます。これにより、市場機会を最大限に活用し、ブランドの成長を促進することができます。

3-01 考察ポイント

▶属性リストはターゲットとなる市場の具体的な特徴を包括的に捉えているか？
▶ターゲット市場の心理的・行動的特性も考慮されているか？
▶項目選択の理由は妥当か？

3-01 生成結果の考察

　ターゲット顧客の様々な側面を広範囲に捉えており、年齢・性別・職業などの基本情報から、ライフスタイルや価値観にいたるまで、多角的な視点で考えられています。特に「都市部に住む30代の単身女性オフィスワーカー」という選択は健康と美容に関心が高い市場の傾向を正確に反映しています。

　一方、属性リストが顧客のニーズや行動パターンをどう満たしているかという説明については不足しています。たとえばオフィスワーカーであることが商品選択にどのように影響しているか、公共交通機関を利用することが商品の選択にどのように貢献しているかは具体的に示されていません。また、市場機会との直接的な関連性や、競合との差異化ポイントについても明確に語られていません。全体としては商品の戦略的ターゲティングに役立つ基盤はありますが、さらなる具体化と戦略的な深堀りが必要です。

　たとえば駅近に店舗がある場合、公共交通機関を利用することが商品の選択に役立つでしょう。得られた結果を踏まえて、選択肢を追加したり、修正を行なったりして、深掘りを続けましょう。

ペルソナのストーリーを作成しよう

▶ 属性リストによって判明したターゲットから
具体的な人物像を描き出す

準備編

1 PART

2 PART

3 PART

実践編

1 STEP

2 STEP

3 STEP

4 STEP

5 STEP

　属性リストによってターゲットとなる顧客の詳細なプロフィールが明らかになりました。この情報を基にしてペルソナを作成していきます。このペルソナがまさにみなさんがターゲットとする見込み客です。日々のライフスタイルを含めて詳細に描き出しましょう。

　まずペルソナのストーリーを作成します。ペルソナのストーリーは、ターゲット顧客を具体的な人物として理解するためにあります。これは顧客視点に立ってマーケティングや商品・サービス開発を行うために重要です。ペルソナを具体的にすることで、商品・サービスがどのように顧客の日常生活やライフスタイルにマッチして、顧客にどのような価値をもたらすかをイメージしやすくなるからです。また、ブランドが伝えたいメッセージやキャンペーンがターゲット顧客の心に響くものであるかを評価する基準になります。

　それではペルソナのストーリーを作成していきましょう。

　先ほど生成した属性リストとP138で絞り込んだ市場機会の仮説を【**C**-#入力情報】に入力します。【**D**-#出力形式フォーマット】にはペルソナの基本属性の項目を指定しましょう。今回は基本セグメントと固有セグメントの項目、および名前を設定しています。

　そして属性リストで選ばれたペルソナのストーリーと特徴を一文で表すよう指示しました。文末を「〜な人」で終わらせて、ペルソナがどのような人かイメージしやすくする工夫も加えています。

3-02 プロンプト例

User

#目的

人間の消費・選択行為は、性格や価値観、生活嗜好と深い因果関係があり、ブランドは顧客の心の中に根付きます。そこで、属性リストから設定した仮想の人物像「ペルソナ」の具体的な日常を示すため、ペルソナのストーリーを作成します。

#依頼

{#入力情報##市場}と{#入力情報##属性リスト}を元にしてペルソナを設定してください。

{#入力情報##属性リスト}を参考にペルソナの基本属性を示し、{#出力形式フォーマット##基本属性}で示してください。

次に、ペルソナのストーリーを1000文字以上で作成してください。

最後に、{#出力形式フォーマット##ペルソナの特徴}は100文字程度の短い文で表し、最後は「〜な人」で終わらせて、3案作成してください。また、そのような文章にした理由を示してください。

C #入力情報

##市場 **1-13** 生成文章より引用（P135）

フランスで経験を積んだパティシエによる独特なチーズケーキが好評であれば、健康志向製品への需要増（po-9）と組み合わせることで、新たな健康的なフランススタイルのチーズケーキラインを開発するチャンスがあります。

であれば、健康志向の消費者向けに特化した製品ラインを市場に導入し、その健康的な特性を前面に出したマーケティング戦略を展開することで、ブランドの新たな顧客層を開拓できます。（市場機会1）

##属性リスト **3-01** 生成文章より引用（P170）

###基本セグメント

年齢 選択：30代

性別 選択：女性

職業 選択：フリーランサー

家族構成 選択：子どもあり

世帯年収 選択：400万円〜800万円

居住地域 選択：都市部
移動手段 選択：公共交通機関
情報収集 選択：SNS（Instagram、Facebookなど）
購買動機 選択：健康のため
志向性 選択：オーガニック志向

固有セグメント
購入する目的 選択：健康維持
購入する決め手 選択：原材料の質
健康意識の程度 選択：高度な健康志向（日常的な健康行動実施）
アレルギー情報 選択：特になし
購買頻度 選択：月に1〜3回
購入場所の選定基準 選択：品揃えの豊富さ
信頼する情報源 選択：友人・知人からの口コミ
インフルエンサーに対する感じ方 選択：ポジティブ（信頼している）
スポーツ/フィットネスへの参加度 選択：アクティブ（週に数回は運動している）
お菓子・デザートに対する支出 選択：中支出（月に5,000円〜10,000円）

出力形式
あなたがブランド・マネージャーとして回答していることを示す大切な要素なので、必ず忘れないであなたの名前を表示するようにしてください。
出力はマークダウン形式でお願いします。

D # 出力形式フォーマット
基本属性
名前：
性別：
年齢：
職業：
年収：
家族構成：
世帯年収：
住所：
住居形態：

　　移動手段：
　　情報収集：

　##ペルソナのストーリー

　##ペルソナの特徴
　1.
　-＊理由：
　2.
　-＊理由：
　3.
　-＊理由：

3-02 ChatGPT の生成文章

 うしくん

基本属性

- 名前：美穂（みほ）
- 性別：女性
- 年齢：32歳
- 職業：デザイン系の会社で時短リモートワーク
- 年収：100万円
- 家族構成：夫、3歳の女の子
- 世帯年収：800万円
- 住所：東京都三鷹市
- 住居形態：戸建て
- 移動手段：電車と車
- 情報収集：ネットと友人口コミ

ペルソナのストーリー

美穂は東京都三鷹市に家族と住む32歳の女性です。彼女はデザイン系の会社で時短リモートワークをしており、家庭と仕事のバランスを大切にし

ています。美穂は健康と家族の福祉を重視し、特に食生活にはオーガニック製品を好んで選びます。

毎週のようにフィットネスクラブに通い、週末は家族と公園で過ごすなどアクティブな生活を送っています。彼女は食品の選択に非常に慎重で、特にデザートに関しては質の高いものを選びたいと考えています。そのため、お菓子やデザートへの月間支出は5,000円から10,000円となっています。

美穂の情報源はインターネットと友人からの口コミです。彼女は特に健康関連のブログやインフルエンサーの投稿に注目し、これらの情報を基に購入判断を行います。友人からの推薦があると、その製品やサービスを試す傾向があります。

最近では、フランスで経験を積んだパティシエによる健康志向のチーズケーキに興味を持ちました。彼女は自然由来の成分と低糖質の製品を好むため、この新しいチーズケーキラインは彼女の健康維持への目的にも合致しています。また、購入する際は原材料の質と品揃えの豊富さを重視しており、高品質で安心できる食品を家族に提供したいと考えています。

ペルソナの特徴

1. オーガニック製品を好んで選ぶ健康志向な人
　- 理由：健康と家族の福祉を重視し、食生活においてオーガニック製品を選ぶため。
2. 情報収集に積極的で、友人の口コミを重視する人
　- 理由：情報収集手段としてインターネットと友人の推薦を活用しており、これらの情報に基づいて購入判断を行うため。
3. アクティブに運動を楽しむ健康管理に熱心な人
　- 理由：フィットネスクラブへ週に数回通い、アクティブな生活を送ることで健康を維持しているため。

3-02 考察ポイント

▶ストーリーはターゲット顧客の日常生活、欲求、不満・不便をリアルに反映しているか？

▶商品・サービスが顧客の問題をどのように解決し、顧客の生活をどのように豊かにするか、または不満を解決できるものか具体的に描写されているか？

▶ターゲット顧客の感情や価値観に訴えかける要素が含まれているか？

▶ストーリーは具体的でありながら普遍的な顧客体験を捉えているか？

3-02 生成結果の考察

　ペルソナの日常生活とニーズが具体的に描写されています。ペルソナの日々の活動、健康への意識、家族との関係、そして新しい商品に対する関心など細部までリアルな人物像が描かれています。これにより、ブランドがターゲットとする顧客の生活にどのようにフィットするのかが明確になります。

　一方で健康製品への関心や選択基準に関して詳細な内容が加われば、更にペルソナが具体的になるでしょう。

ペルソナを
プロファイリングしてみよう

▶ ターゲット顧客のイメージを深掘りして、
その人物像を「より具体的に」理解する

次に行うのはペルソナのプロファイリング（特徴を推論すること）です。

ペルソナは最も重要な顧客層のイメージであり、自社がターゲットと見なしている市場を象徴的に体現している人物像です。ペルソナのプロファイリングは、マーケティングや商品開発において見込み客の理解を更に深めるために行います。プロファイリングによってペルソナの趣味、日常生活、価値観などが具体化されると、商品・サービスの設計段階で顧客の反応を予測できます。同時に、ブランドが伝えたいメッセージやキャンペーンがどれだけ心に響くかも評価できるようになります。

そのためにはペルソナが抽象的なイメージではなく、実際の市場データや顧客の声を反映した現実味のあるキャラクターである必要があります。また、ペルソナをプロファイリングすることはターゲット顧客が商品・サービスを実際どのように利用するか、どのような価値を感じるかを現実的に把握するための重要なステップになります。

ではペルソナのプロファイリングを行ってみましょう。

【 E －#入力情報 】に先ほど生成したペルソナストーリー、特徴を入力します。【 F －#出力形式フォーマット 】にはペルソナの不満や幸せといった価値観を知るための項目と、典型的な平日や休日の過ごし方といった生活の様子を知るための項目を入力します。他にもペルソナをより具体的にするための項目を追加しましょう。

3-03 プロンプト例

 User

#目的

人間の消費・選択行為は、性格や価値観、生活嗜好と深い因果関係があり、ブランドは顧客の心の中に根付きます。そこで、属性リストから設定した仮想の人物像「ペルソナ」の具体的な日常を示すため、ペルソナのプロファイルを行います。

#依頼

{#入力情報##ペルソナ設定}から、ペルソナの趣味、不満に感じていることと幸せに感じることをそれぞれ、300文字以上で示してください。

また、ペルソナの典型的な平日の過ごし方と休日の過ごし方とそのような過ごし方をする理由を含めて、文章でそれぞれ5個程度示してください。

タイムスケジュールではなく、午前中という大まかな単位で表してください。

E ─ #入力情報

##ペルソナ設定 ← **3-02 生成文章より引用（P178）**

###基本属性

- 名前：美穂（みほ）
- 性別：女性
- 年齢：32歳
- 職業：デザイン系の会社で時短リモートワーク
- 年収：100万円
- 家族構成：夫、3歳の女の子
- 世帯年収：800万円
- 住所：東京都三鷹市
- 住居形態：戸建て
- 移動手段：電車と車
- 情報収集：ネットと友人口コミ

###ペルソナのストーリー

美穂は東京都三鷹市に家族と住む32歳の女性です。彼女はデザイン系の会社で時短リモートワークをしており、家庭と仕事のバランスを大切にしています。美穂は健康と家族の福祉を重視し、特に食生活にはオーガニック製品を好んで選びます。

毎週のようにフィットネスクラブに通い、週末は家族と公園で過ごすなどアクティブな生活を送っています。彼女は食品の選択に非常に慎重で、特にデザートに関しては質の高いものを選びたいと考えています。そのため、お菓子やデザートへの月間支出は5,000円から10,000円となっています。

美穂の情報源はインターネットと友人からの口コミです。彼女は特に健康関連のブログやインフルエンサーの投稿に注目し、これらの情報を基に購入判断を行います。友人からの推薦があると、その製品やサービスを試す傾向があります。

最近では、フランスで経験を積んだパティシエによる健康志向のチーズケーキに興味を持ちました。彼女は自然由来の成分と低糖質の製品を好むため、この新しいチーズケーキラインは彼女の健康維持への目的にも合致しています。また、購入する際は原材料の質と品揃えの豊富さを重視しており、高品質で安心できる食品を家族に提供したいと考えています。

ペルソナの特徴
1. オーガニック製品を好んで選ぶ健康志向な人
　- 理由：健康と家族の福祉を重視し、食生活においてオーガニック製品を選ぶため。
2. 情報収集に積極的で、友人の口コミを重視する人
　- 理由：情報収集手段としてインターネットと友人の推薦を活用しており、これらの情報に基づいて購入判断を行うため。
3. アクティブに運動を楽しむ健康管理に熱心な人
　- 理由：フィットネスクラブへ週に数回通い、アクティブな生活を送ることで健康を維持しているため。

出力形式
あなたがブランド・マネージャーとして回答していることを示す大切な要素なので、必ず忘れないであなたの名前を表示するようにしてください。
出力はマークダウン形式でお願いします。

F # 出力形式フォーマット
趣味
・・・
不満に感じていること

```
・・・
##幸せに感じていること
・・・
##典型的な平日の過ごし方
・朝は、・・・。
・午前中、・・・。
・・・
##休日の過ごし方
・午前中、・・・。
・・・
```

3-03 ChatGPTの生成文章

 うしくん

ペルソナの名前
美穂

趣味

美穂はヨガとベーキングを趣味としています。早朝のヨガで1日を始め、週末には家族のために健康的なデザートを作ることに情熱を注いでいます。自然とのふれあいを大切にし、休日は家族で自然を楽しむ時間を重視しています。

不満に感じていること

時間の制約から、自分で健康的な食事を作ることが難しいときがあります。また、健康的な製品を探す際に、価格が高いことや情報が不足していることに不満を感じることがあります。

幸せに感じていること

家族と過ごす時間、特に娘との時間を大切にしており、彼女たちとの関係に幸せを感じます。また、健康的なライフスタイルを維持できること、新

しい健康製品を見つけたときの発見の喜びも幸せの源です。

典型的な平日の過ごし方

- 朝は、ヨガとグリーンスムージーで1日をスタートします。
- 午前中は、時短リモートワークで仕事を進め、娘を保育園に送ります。
- 昼間は、デザイン関連の仕事に集中しつつ、健康的なランチを心掛けます。
- 仕事後は、夕食の準備をし、家族との時間を大切にします。
- 夜は、夫と一緒に晩酌を楽しみながら1日を振り返ります。

休日の過ごし方

- 午前中は、家族でのんびり過ごし、時には新しいレシピに挑戦します。
- 昼過ぎからは、家族で外出し、自然を楽しんだり、近くの公園で遊びます。
- 夕方は、家族と一緒に夕食の準備をし、健康的なメニューを心掛けます。
- 夜は、家族とのんびりと過ごし、時には自分の趣味に没頭します。
- 休日の終わりには、来週の計画を立て、新しい1週間への準備をします。

美穂さんの日常は、健康と家族との時間を大切にしながら、充実した日々を送っています。

3-03 考察ポイント

▶ペルソナは架空の人物像ですが、実際の顧客を反映した実在感のあるキャラクターとして描かれているか？
▶ターゲットとしている市場のニーズと期待が反映されているか？
▶リアルな顧客の行動や志向が具体的に表現されているか？

3-03 生成結果の考察

　ペルソナの生活スタイルや価値観が具体的に表現されており、日常生活や趣味、不満、幸せを感じる瞬間などがリアルに描かれています。これにより、ペルソナがどのような状況で商品を必要とするか、また何に価値を感じるか

が明確になっています。特にペルソナの健康への意識の高さや家族との時間を大切にする姿勢が強調されており、ブランドが伝えたいメッセージや商品開発に役立つ洞察が得られます。このプロファイリングから商品を購入しそうなタイミングだけでなく、どんなことに価値を感じるかなど、理解できるようになりました。

　また、ここにペルソナの日常生活や価値観が市場データとどのようにつながっているかという視点が加わると、より具体的で実用的なプロファイリングになります。必要な場合は、類似のライフスタイルを送る人たちにグループインタビューをしてみましょう。

ペルソナのプロファイリングを評価しよう

▶ ペルソナのプロファイリング案を評価させることで、
ペルソナの精度を更に高める

前項ではペルソナの理解を深めるためペルソナのプロファイリングを行いましたが、ここではそれを更に深掘りして、精度の高い顧客像を設定しましょう。ChatGPTにプロファイリング案を何案か出してもらい、それを評価させることでペルソナの精度をさらに高めるのです。

その前に新しいプロンプトを解説します。

通常、ブランド構築はチームを組んで、多くの関係者を巻き込みながら行います。協会ではこの方法を「チームブランディング」と呼んでいます。1人でブランド構築を行う場合、あまり多くの発想が出せないうえ、判断の基準が個人の思い込みに左右されてしまう危険性があります。ChatGPTを利用する際も同じです。1つの案だけで推し進めてしまうと考えが偏ってしまうかもしれません。それを避けるには複数の案を生成し、それを評価しながら進めていくと偏りのないペルソナができあがります。

複数の案を出すには下記の2つの方法があります。

● 方法1. プロンプトで再生成ボタンを押す

ChatGPTの画面下にある再生成ボタンを押すと、再度生成されます。

```
< 2/2 >  🔊 ⧉ [⟳] ⬦ ✧⌄
```

● 方法2. プロンプトに「別の案を生成してください」と入力する

プロンプトに「別の案を生成してください」と入力して生成すると、新しい案を生成してくれます。

3-04A プロンプト例

 User

別の案を作成してください

3-04A ChatGPT の生成文章

 うしくん

ペルソナ案2
名前：美穂

趣味

美穂はベーキングが大好きで、特に家族のために健康的なデザートを作ることに情熱を注いでいます。また、週末にはヨガやジョギングなどのアクティビティで体を動かすことも楽しみの一つです。自然が豊かな三鷹市での生活を活かして、時には家族でピクニックやハイキングを楽しむこともあります。これらのアクティビティは彼女のストレス解消にもつながっています。

不満に感じていること

美穂は時短リモートワークをしているものの、仕事と家庭のバランスを取ることに時々ストレスを感じます。特に、忙しい日には子どもの世話と仕事の両立が難しく、自分の時間を確保することができないと感じることがあります。また、市場には健康志向の製品が多くありますが、本当に体に良い製品を見分けるのが難しいと感じることも不満の一つです。

幸せに感じていること

家族と過ごす時間は美穂にとって最大の幸せです。特に娘が何か新しいことを学び、成長するのを見ると大きな喜びを感じます。また、自分で作った健康的な食事を家族が喜んで食べるのを見ると、大きな達成感と幸福感を得ます。健康的な生活を維持しながら、家族との質の高い時間を過ごす

ことができることが、彼女の幸せの源です。

典型的な平日の過ごし方

- 朝：早朝ヨガで一日をスタートし、グリーンスムージーで体に良いものを摂取します。
- 午前中：娘を保育園に送り出した後、時短リモートワークでデザイン業務を進めます。短い休憩時間は、次の健康的なお菓子づくりを計画するためのインスピレーションを得るためにネットを閲覧します。
- 午後：仕事を終えた後は娘のお迎えと共に公園で少し遊び、その後家に帰って夕食の準備をします。食事はいつも健康第一で、家族との時間を大切にします。
- 夜：娘が寝た後、夫とのリラックスタイムに健康志向の新商品チーズケーキを楽しんでいます。

休日の過ごし方

- 午前中：家族で近くの自然公園へ行き、ピクニックや軽いハイキングを楽しみます。新鮮な空気と運動は美穂にとって週末のリフレッシュ方法です。
- 午後：家に戻ってからは、ベーキングタイム。新しいレシピを試したり、娘と一緒に簡単なお菓子づくりを楽しみます。
- 夕方以降：家族や友人が遊びに来ることも多く、自宅でホームパーティーを開くことがあります。美穂は健康的なメニューを心掛け、ゲストに喜んでもらえるよう努力します。
- 夜：夫とゆっくりと映画を見たり、週末限定で許される少しのお酒を楽しみます。特別な日には、お気に入りの健康志向のデザートを用意して、二人の時間を大切にします。

ペルソナ案3
名前：美穂

趣味

美穂は健康と料理に対して非常に熱心で、特にベーキングが大好きです。週末は新しいレシピを試すことに時間を費やし、家族に健康的でおいしいデ

ザートを提供することを楽しんでいます。また、早朝のヨガも日常的なルーティンであり、心身のバランスを保つための重要な活動です。

不満に感じていること

仕事と家庭のバランスを取ることの難しさにしばしばフラストレーションを感じています。時短リモートワークは便利ですが、時にはプロジェクトの締め切りに追われることもあり、自分の健康や趣味の時間が犠牲になることがあります。また、健康志向の食品が常に手頃な価格で提供されているわけではないため、家計に負担を感じることもあります。

幸せに感じていること

家族と過ごす時間、特に娘と一緒に過ごす時間は彼女にとって最大の幸せです。また、自分が作った料理を家族が喜んで食べる姿を見ることも大きな喜びの一つです。健康的なライフスタイルを維持できていることも、彼女の自己実現につながっており、深い満足感を与えています。

典型的な平日の過ごし方

- 朝は、ヨガで身体を目覚めさせ、グリーンスムージーで健康的なスタートを切ります。
- 午前中、娘を保育園に送った後、家でリモートワークを始めます。この時間は仕事に集中し、効率良くタスクをこなすことに注力しています。
- 昼過ぎには少し休憩をとり、時にはオンラインで新しい健康食品を探したり、友人とチャットで情報交換をしたりします。
- 夕方には娘を迎えに行き、家族との夕食の準備をします。食事は健康志向を重視し、全員が楽しめるメニューを心掛けています。
- 夜は家族で過ごし、一日の終わりには夫と共に少しのリラックスタイムを持ちます。時には新しいチーズケーキを楽しむことも。

休日の過ごし方

- 午前中は、家族で近くの公園へ行ったり、自宅でゆっくりとした朝食を楽しんだりします。この時間はリラックスと家族との絆を深める大切な時

間です。

- 昼過ぎには、美穂が趣味のベーキングに取り組みます。新しいレシピを試したり、娘と一緒に簡単なお菓子づくりを楽しんだりすることも。

- また、時にはショッピングに出掛けて新しい食材や健康関連の商品を探求します。健康志向の市場は日々進化しており、新商品を見つけることは彼女にとって大きな楽しみの一つです。

- 夕方は家族で映画を観たり、簡単な外食を楽しんだりします。この時間は仕事や家事から解放され、ただ家族とのひとときを満喫するための時間です。

- 休日の夜は、一週間の疲れを癒すために早めに床につくことも多いです。次の一週間を健康的に迎えるための準備として、十分な休息を取ることを心掛けています。

　上記のやり方を使ってペルソナ別のプロファイルを生成してもらいましょう。

　チームでブランド構築をする場合は各人が案を作成します。そうすると1人では思い付かなかったようなアイデアが出てくることがあります。今回は3つの案を生成した後に各案に得点を付け、順位付けもしてもらいます。

3-04B プロンプト例

 User

#目的
仮想の人物像「ペルソナ」の具体的なプロファイリング内容の評価を行います。

#依頼
3つのプロファイリングを評価してください。
評価ポイントは、{#入力情報##市場}を最も評価してくれるペルソナを高く評価してください。

#入力情報
##市場 ◀ **1-13 生成文章より引用(P135)**
フランスで経験を積んだパティシエによる独特なチーズケーキが好評であ

れば、健康志向製品への需要増（po-9）と組み合わせることで、新たな健康的なフランススタイルのチーズケーキラインを開発するチャンスがあります。

であれば、健康志向の消費者向けに特化した製品ラインを市場に導入し、その健康的な特性を前面に出したマーケティング戦略を展開することで、ブランドの新たな顧客層を開拓できます。（市場機会1）

ペルソナ案1　→ 3-03 生成文章より引用（P184）

名前：美穂

趣味

美穂はヨガとベーキングを趣味としています。早朝のヨガで1日を始め、週末には家族のために健康的なデザートを作ることに情熱を注いでいます。自然とのふれあいを大切にし、休日は家族で自然を楽しむ時間を重視しています。

不満に感じていること

時間の制約から、自分で健康的な食事を作ることが難しい時があります。また、健康的な製品を探す際に、価格が高いことや情報が不足していることに不満を感じることがあります。

幸せに感じていること

家族と過ごす時間、特に娘との時間を大切にしており、彼女たちとの関係に幸せを感じます。また、健康的なライフスタイルを維持できること、新しい健康製品を見つけたときの発見の喜びも幸せの源です。

典型的な平日の過ごし方

- 朝は、ヨガとグリーンスムージーで1日をスタートします。
- 午前中は、時短リモートワークで仕事を進め、娘を保育園に送ります。
- 昼間は、デザイン関連の仕事に集中しつつ、健康的なランチを心掛けます。
- 仕事後は、夕食の準備をし、家族との時間を大切にします。
- 夜は、夫と一緒に晩酌を楽しみながら1日を振り返ります。

休日の過ごし方

- 午前中は、家族でのんびり過ごし、時には新しいレシピに挑戦します。
- 昼過ぎからは、家族で外出し、自然を楽しんだり、近くの公園で遊びます。
- 夕方は、家族と一緒に夕食の準備をし、健康的なメニューを心掛けます。
- 夜は、家族とのんびりと過ごし、時には自分の趣味に没頭します。
- 休日の終わりには、来週の計画を立て、新しい1週間への準備をします。

ペルソナ案2　→ 3-04A 生成文章より引用（P188）

名前：美穂

趣味

美穂はベーキングが大好きで、特に家族のために健康的なデザートを作ることに情熱を注いでいます。また、週末にはヨガやジョギングなどのアクティビティで体を動かすことも楽しみの一つです。自然が豊かな三鷹市での生活を活かして、時には家族でピクニックやハイキングを楽しむこともあります。これらのアクティビティは彼女のストレス解消にもつながっています。

不満に感じていること

美穂は時短リモートワークをしているものの、仕事と家庭のバランスを取ることに時々ストレスを感じます。特に、忙しい日には子どもの世話と仕事の両立が難しく、自分の時間を確保することができないと感じることがあります。また、市場には健康志向の製品が多くありますが、本当に体に良い製品を見分けるのが難しいと感じることも不満の一つです。

幸せに感じていること

家族と過ごす時間は美穂にとって最大の幸せです。特に娘が何か新しいことを学び、成長するのを見ると大きな喜びを感じます。また、自分で作った健康的な食事を家族が喜んで食べるのを見ると、大きな達成感と幸福感を得ます。健康的な生活を維持しながら、家族との質の高い時間を過ごすことができることが、彼女の幸せの源です。

典型的な平日の過ごし方

- **朝**: 早朝ヨガで一日をスタートし、グリーンスムージーで体に良いものを摂取します。

- **午前中**: 娘を保育園に送り出した後、時短リモートワークでデザイン業務を進めます。短い休憩時間は、次の健康的なお菓子づくりを計画するためのインスピレーションを得るためにネットを閲覧します。

- **午後**: 仕事を終えた後は娘のお迎えと共に公園で少し遊び、その後家に帰って夕食の準備をします。食事はいつも健康第一で、家族との時間を大切にします。

- **夜**: 娘が寝た後、夫とのリラックスタイムに健康志向の新商品チーズケーキを楽しんでいます。

休日の過ごし方

- **午前中**: 家族で近くの自然公園へ行き、ピクニックや軽いハイキングを楽しみます。新鮮な空気と運動は美穂にとって週末のリフレッシュ方法です。

- **午後**: 家に戻ってからは、ベーキングタイム。新しいレシピを試し

たり、娘と一緒に簡単なお菓子づくりを楽しみます。

- **夕方以降**: 家族や友人が遊びに来ることも多く、自宅でホームパーティーを開くことがあります。美穂は健康的なメニューを心掛け、ゲストに喜んでもらえるよう努力します。

- **夜**: 夫とゆっくりと映画を見たり、週末限定で許される少しのお酒を楽しみます。特別な日には、お気に入りの健康志向のデザートを用意して、二人の時間を大切にします。

ペルソナ案3

名前：美穂

趣味

美穂は健康と料理に対して非常に熱心で、特にベーキングが大好きです。週末は新しいレシピを試すことに時間を費やし、家族に健康的でおいしいデザートを提供することを楽しんでいます。また、早朝のヨガも日常的なルーティンであり、心身のバランスを保つための重要な活動です。

不満に感じていること

仕事と家庭のバランスを取ることの難しさにしばしばフラストレーションを感じています。時短リモートワークは便利ですが、時にはプロジェクトの締め切りに追われることもあり、自分の健康や趣味の時間が犠牲になることがあります。また、健康志向の食品が常に手頃な価格で提供されているわけではないため、家計に負担を感じることもあります。

幸せに感じていること

家族と過ごす時間、特に娘と一緒に過ごす時間は彼女にとって最大の幸せです。また、自分が作った料理を家族が喜んで食べる姿を見ることも大きな喜びの一つです。健康的なライフスタイルを維持できていることも、彼女の自己実現につながっており、深い満足感を与えています。

典型的な平日の過ごし方

- 朝は、ヨガで身体を目覚めさせ、グリーンスムージーで健康的なスタートを切ります。

- 午前中、娘を保育園に送った後、家でリモートワークを始めます。この時間は仕事に集中し、効率良くタスクをこなすことに注力しています。

- 昼過ぎには少し休憩をとり、時にはオンラインで新しい健康食品を探したり、友人とチャットで情報交換をしたりします。

- 夕方には娘を迎えに行き、家族との夕食の準備をします。食事は健康志向を重視し、全員が楽しめるメニューを心掛けています。

- 夜は家族で過ごし、一日の終わりには夫と共に少しのリラックスタイム

を持ちます。時には新しいチーズケーキを楽しむことも。
休日の過ごし方
- 午前中は、家族で近くの公園へ行ったり、自宅でゆっくりとした朝食を楽しんだりします。この時間はリラックスと家族との絆を深める大切な時間です。
- 昼過ぎには、美穂が趣味のベーキングに取り組みます。新しいレシピを試したり、娘と一緒に簡単なお菓子づくりを楽しんだりすることも。
- また、時にはショッピングに出掛けて新しい食材や健康関連の商品を探求します。健康志向の市場は日々進化しており、新商品を見つけることは彼女にとって大きな楽しみの一つです。
- 夕方は家族で映画を観たり、簡単な外食を楽しんだりします。この時間は仕事や家事から解放され、ただ家族とのひとときを満喫するための時間です。
- 休日の夜は、一週間の疲れを癒すために早めに床につくことも多いです。次の一週間を健康的に迎えるための準備として、十分な休息を取ることを心掛けています。

#出力形式
評価を100点から0点で得点をつけてください。
また、なぜ、そのような評価をしたのか理由を500字程度で教えてください。
あなたがブランド・マネージャーとして回答していることを示す大切な要素なので、必ず忘れないであなたの名前を表示するようにしてください。
出力はマークダウン形式でお願いします。

3-04B ChatGPTの生成文章

 うしくん

ペルソナ案1の評価：85点

理由：ペルソナ案1は健康と料理、特にベーキングへの情熱が強く、新しいレシピや製品に興味を持つ傾向が強いため、新しい健康志向のチーズケーキ製品に対する関心が非常に高いと評価できます。また、健康的なライフスタイルを意識している点もポジティブですが、製品の価格に対する敏感さが少しマイナスポイントとなりました。彼女が求める価格帯と製品が合

致するかどうかが成功のカギとなるでしょう。

ペルソナ案2の評価：92点

理由：このペルソナは健康志向が非常に強く、家族との時間を大切にするライフスタイルが特徴です。新しい健康製品に対する興味と実際に製品を購入する機会が多いことから、新商品の潜在的な顧客として非常に適しています。また、彼女のアクティブなライフスタイルと健康への意識の高さは、健康志向の高い製品を市場に投入する際の理想的なターゲットといえます。

ペルソナ案3の評価：75点

理由：ペルソナ案3も健康と料理に関心があり、特に家族向けの製品に強い関心を持っているため、新しいチーズケーキの市場への適合性は高いです。しかし、このペルソナは仕事と家庭のバランスに苦労しており、新しい製品に対して時間を割いて試す余裕が少ない可能性があります。そのため、製品が彼女の生活スタイルにすぐに受け入れられるかが少し不確かです。

総合的な見解として、ペルソナ案2が最も高い評価を受けました。彼女のライフスタイル、健康への高い意識、そして新製品に対するオープンな姿勢が、新しい健康志向のチーズケーキ市場に対して最も適した顧客像を形成していると判断しました。製品の健康面への強い関心と実際の購買行動が見込まれるため、マーケティング戦略を彼女に焦点を当てて進めることが望ましいでしょう。

3-04　考察ポイント

▶それぞれのペルソナは異なる方向からプロファイルされているか？
▶評価スコアとその理由はプロファイルされた内容と合致しているか？

3-04　生成結果の考察

今回のプロファイリングでは、どの案も健康志向の高い女性客への訴求力

に注目しています。案2が最も高く評価されたのは、健康への関心と料理やベーキングの趣味が明確であるため、健康志向の新商品に強い興味を持つと予測されるからです。対して、案1では仕事と家庭のバランスに関する不満が商品への関心を減らしてしまう可能性を指摘しています。案3も家族との時間を重視する傾向にありますが、新商品への関心が案2ほど高くないため評価は低めとなりました。これらの評価は市場のニーズやターゲット顧客の特徴を反映しており、ブランド構築に重要な洞察をもたらしてくれます。

連想マップを作成しよう

▶ ターゲットとなるペルソナの深層心理を
関連するキーワードによって可視化する

　前項で作成したペルソナの深層心理を可視化して、自社の商品・サービスの設計に役立てましょう。様々な手法がありますが、ここでは「連想マップ」を紹介します。

　連想マップは、ペルソナの心にある体験や言葉を文字化（キーワード化）することで、新たなアイデアを生み出す方法の一つです。ペルソナに最も近いキーワードや独創的なキーワードを数多く考え出す作業は、人が行うには時間と労力がかかるものでした。しかし、ChatGPTの活用により、この困難な作業が大幅に簡略化され、多くのキーワードを迅速に、かつ効率的に生成することが可能になりました。

　連想マップを作成するため、ペルソナの気持ちを表現する言葉を挙げてもらいます。【 **G** ─ #依頼 】で「○○といえば××」という方式で3つをつなげて生成するよう指示します。【 **H** ─ #入力情報 】にはP138で絞り込んだ市場機会の仮説と今回のキーワードとして「スイーツ」と入力します。これまで得られたペルソナの情報もここに入力しましょう。

3-05	プロンプト例

User

#目的
ペルソナの深層心理を可視化するために、ペルソナの心の中にある体験や言葉、気持ちを文字化（キーワード化）します。

G ─ #依頼

{#入力情報 ##ペルソナ}の頭の中で、下記の{#入力情報 ##キーワード}から連想マップを書いてください。

連想される体験や言葉、気持ちで連想マップを書いてください。

連想マップとは、キーワードから○○と言えば、△△となるようにつなげていくものです。

H # 入力情報

市場 ◀ **1-13** 生成文章より引用（P135）

フランスで経験を積んだパティシエによる独特なチーズケーキが好評であれば、健康志向製品への需要増（po-9）と組み合わせることで、新たな健康的なフランススタイルのチーズケーキラインを開発するチャンスがあります。

であれば、健康志向の消費者向けに特化した製品ラインを市場に導入し、その健康的な特性を前面に出したマーケティング戦略を展開することで、ブランドの新たな顧客層を開拓できます。（市場機会1）

キーワード

スイーツ

ペルソナ

基本属性 ◀ **3-02** 生成文章より引用（P178）

- 名前：美穂（みほ）
- 性別：女性
- 年齢：32歳
- 職業：デザイン系の会社で時短リモートワーク
- 年収：100万円
- 家族構成：夫、3歳の女の子
- 世帯年収：800万円
- 住所：東京都三鷹市
- 住居形態：戸建て
- 移動手段：電車と車
- 情報収集：ネットと友人口コミ

ペルソナのストーリー

美穂は東京都三鷹市に家族と住む32歳の女性です。彼女はデザイン系の会社で時短リモートワークをしており、家庭と仕事のバランスを大切にし

ています。美穂は健康と家族の福祉を重視し、特に食生活にはオーガニック製品を好んで選びます。

毎週のようにフィットネスクラブに通い、週末は家族と公園で過ごすなどアクティブな生活を送っています。彼女は食品の選択に非常に慎重で、特にデザートに関しては質の高いものを選びたいと考えています。そのため、お菓子やデザートへの月間支出は5,000円から10,000円となっています。

美穂の情報源はインターネットと友人からの口コミです。彼女は特に健康関連のブログやインフルエンサーの投稿に注目し、これらの情報を基に購入判断を行います。友人からの推薦があると、その製品やサービスを試す傾向があります。

最近では、フランスで経験を積んだパティシエによる健康志向のチーズケーキに興味を持ちました。彼女は自然由来の成分と低糖質の製品を好むため、この新しいチーズケーキラインは彼女の健康維持への目的にも合致しています。また、購入する際は原材料の質と品揃えの豊富さを重視しており、高品質で安心できる食品を家族に提供したいと考えています。

ペルソナの特徴
1. オーガニック製品を好んで選ぶ健康志向な人
　- 理由：健康と家族の福祉を重視し、食生活においてオーガニック製品を選ぶため。
2. 情報収集に積極的で、友人の口コミを重視する人
　- 理由：情報収集手段としてインターネットと友人の推薦を活用しており、これらの情報に基づいて購入判断を行うため。
3. アクティブに運動を楽しむ健康管理に熱心な人
　- 理由：フィットネスクラブへ週に数回通い、アクティブな生活を送ることで健康を維持しているため。

不満に感じていること　◀ **3-03** 生成文章より引用（P184）
時間の制約から、自分で健康的な食事を作ることが難しいときがあります。また、健康的な製品を探す際に、価格が高いことや情報が不足していることに不満を感じることがあります。

幸せに感じていること
家族と過ごす時間、特に娘との時間を大切にしており、彼女たちとの関係に幸せを感じます。また、健康的なライフスタイルを維持できること、新しい健康製品を見つけたときの発見の喜びも幸せの源です。

典型的な平日の過ごし方
- 朝は、ヨガとグリーンスムージーで1日をスタートします。
- 午前中は、時短リモートワークで仕事を進め、娘を保育園に送ります。
- 昼間は、デザイン関連の仕事に集中しつつ、健康的なランチを心掛けます。
- 仕事後は、夕食の準備をし、家族との時間を大切にします。
- 夜は、夫と一緒に晩酌を楽しみながら1日を振り返ります。

休日の過ごし方
- 午前中は、家族でのんびり過ごし、時には新しいレシピに挑戦します。
- 昼過ぎからは、家族で外出し、自然を楽しんだり、近くの公園で遊びます。
- 夕方は、家族と一緒に夕食の準備をし、健康的なメニューを心掛けます。
- 夜は、家族とのんびりと過ごし、時には自分の趣味に没頭します。
- 休日の終わりには、来週の計画を立て、新しい1週間への準備をします。

....

#出力形式例：
「バナナ」がキーワードの場合
-:＊バナナ
-＊黄色→日光
　-＊日光→夏→ワクワク
　-＊日光→ビタミンD→健康
-＊経済的→手軽
　-＊手軽→スナック→手軽
　-＊手軽→持ち運び→アウトドア

....

#出力形式
キーワードに関わる連想ワードを10個出し、10個それぞれの連想ワードから、それにつながるワードを2個出力してください。
あなたがブランド・マネージャーとして回答していることを示す大切な要素なので、必ず忘れないであなたの名前を表示するようにしてください。
出力はマークダウン形式でお願いします。

準備編
1 PART
2 PART
3 PART

実践編
1 STEP
2 STEP
3 STEP
4 STEP
5 STEP

```
#出力形式フォーマット
-:*キーワード
-*連想ワード1→連想ワード
  -*連想ワード→連想ワード→連想ワード
  -*連想ワード→連想ワード→連想ワード
  -*連想ワード→連想ワード→連想ワード
  ・・・・
-*連想ワード2→連想ワード
  *連想ワード→連想ワード→連想ワード
  -*連想ワード→連想ワード→連想ワード
  -*連想ワード→連想ワード→連想ワード
  ・・・・
-*連想ワード3→連想ワード
  -*連想ワード→連想ワード→連想ワード
  -*連想ワード→連想ワード→連想ワード
  -*連想ワード→連想ワード→連想ワード
  ・・・・
```

3-05 ChatGPTの生成文章

 うしくん

スイーツについての連想マップ
- ：スイーツ
- 健康志向→オーガニック
  - オーガニック→信頼→安心
  - オーガニック→高品質→価値
- フランス式製法→高級感
  - 高級感→特別な日→幸せ
  - 高級感→自己ご褒美→満足
- おいしさ→家族の笑顔
  - 家族の笑顔→幸せ→成就感
  - 家族の笑顔→感謝→愛
- チーズケーキ→ダイエット

- ダイエット→罪悪感→ストレス
- ダイエット→達成→自信
- 代替品→砂糖不使用
  - 砂糖不使用→健康→安全
  - 砂糖不使用→子どもにも→安心
- デザートライン→バリエーション
  - バリエーション→選びがい→楽しみ
  - バリエーション→飽きない→持続
- 口コミ→友人の評価
  - 友人の評価→信用→信頼
  - 友人の評価→共有→コミュニケーション
- 価格→コスパ
  - コスパ→経済的→安心
  - コスパ→手が届く→満足
- オンライン購入→便利
  - 便利→時間短縮→効率
  - 便利→ストレスフリー→安心
- グリーンスムージー→習慣
  - 習慣→日常→安定
  - 習慣→継続→健康

この連想マップを通じて、健康志向の女性向けの新しいチーズケーキやデザートラインにどのような要素が求められているかを理解することができるでしょう。特に、健康、安心、価値、幸せといったキーワードが多く出てくることから、それらを重視した商品開発が成功する可能性が高いです。

3-05 考察ポイント

▶ペルソナの心の中にある体験や言葉が具体的かつ多角的に表現されているか？

▶キーワードに関連する感情や体験、関連性の高いワードをどれだけ多く含んでいるか？

▶抽出されたワードはペルソナの特性や生活スタイルと連動しているか？

3-05 生成結果の考察

　生成された連想マップはスイーツ、特に健康志向の女性向けの新しいチーズケーキやデザートラインに関するキーワードを豊富に含んでおり、それぞれのワードから更に詳細なワードに展開されています。健康志向、オーガニック、フランス式製法などのキーワードは、ターゲット市場のニーズを明確に反映しており、商品開発やマーケティング戦略に活用できそうです。

　一方で連想マップは同じキーワードが繰り返されており、さらなる多様性や深さがほしいところです。また、ペルソナの日常生活や具体的な消費行動に直結するキーワードがもっとあれば、商品開発やブランド体験の創造に役立つでしょう。何度か再生成して他のワードも探してみましょう。

　関連ワードが得られたなら、その結果を連想マップに描いてみることをおすすめします。もしペルソナストーリーを参考にあなたが想起するワードがあったら、連想マップに書き加えましょう。ペルソナのインサイト（本音）を探ることができると、今後のステップにおいて、ポジショニングマップ（実践編STEP4）を作成する際に、有効活用することができます。

[図:連想マップ]

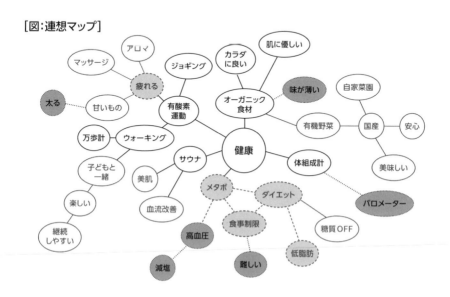

実践編 | STEP 3 まとめ

　この章ではターゲティング、ペルソナ作成、連想マップについてご紹介しました。これらのステップが、マーケティング戦略の成功に不可欠な要素であることを理解していただけたと思います。

　これらの手法を適切に組み合わせることで、企業は市場内での独自の価値提案を確立し、競合から差別化を図ることが可能となります。最終的に、顧客にとって意味のある方法でブランドをポジショニングすることが、持続的なビジネス成長へのカギとなるのです。

Column ChatGPTに聞いてみた！

独自性のあるアイデアを生み出すために、キーワードと連想マップをどのように活用しているかについて、具体的な事例をChatGPTに聞きました。

User

エアビーアンドビーのターゲティング戦略において、どのような顧客のペルソナを設定し、そのペルソナに基づいてキーワードを導き出したのか教えてください。

ChatGPT

ターゲティング戦略：エアビーアンドビーは旅行者の「旅先固有の文化を体験したい」というニーズに焦点を当てたと考えられます。ホテルが提供する一般的な宿泊体験とは違い、地元の人の家に泊まるという体験を求める顧客をターゲットに設定したのです。
上記のターゲットから、ペルソナは「冒険心豊かで、新しい文化や人々との出会いを求める旅行者」となり、「冒険」「地域コミュニティ」「ユニークな体験」などのキーワードが導き出せます。
エアビーアンドビーはユニークな宿泊体験を求める世界中の旅行者から支持を得ることに成功し、宿泊業界に新しい市場機会を創出しました。
このように顧客のペルソナを理解し、顧客が連想するキーワードを考えることで、ブランドポジショニングの精度を高めることができます。

Self-Consistency

プロンプトエンジニアリングの手法の1つに、Self-Consistencyという手法があります。ChatGPTに複数の答えを生成させ、それらの答えを比較して一貫性を確認し、最も信頼性の高い結果を選択させる手法です。このアプローチは、ChatGPTの判断が一貫しており、より正確であることを確かめるために用います。回答が複数存在する問題や複雑な問題に特に効果的です。

Self-Consistencyを用いないプロンプト例

 User

レストランに2種類のテーブルがあります。小さいテーブルは4人用で10卓、大きいテーブルは6人用で5卓です。レストラン全体で最大何人を収容できますか？

ChatGPTの生成文章

 ChatGPT

レストランは最大で50人を収容できます。

Self-Consistencyを用いたプロンプト例

 User

レストランに2種類のテーブルがあります。小さいテーブルは4人用で10卓、大きいテーブルは6人用で5卓です。レストラン全体で最大何人を収容できますか？この問題を3回解いて、結果を比較してください。

ChatGPT

1回目の回答：最大70人収容可能です（4人×10卓＋6人×5卓）。
2回目の回答：最大70人収容可能です（4人×10卓＋6人×5卓）。
3回目の回答：最大70人収容可能です（4人×10卓＋6人×5卓）。

　結果を比較すると、最初のSelf-Consistencyを用いないプロンプトでは計算ミスや解釈の違いが原因で間違った回答が出る可能性があります。たとえば、最初にテーブルの数を間違えて計算してしまい、そのミスに気付かないというケースです。Self-Consistencyを用いた場合、同じ問題を複数回解くことで、このような単純なミスを見逃すリスクを減らすことができます。また、一貫した回答が得られたことで、結果の正確性に自信を持つことができます。

　このアプローチは、特に計算が複雑である場合や、多くの変数が関与する場合に誤りを防ぎ、一貫性を確保するのに役立ちます。

実践編

STEP

4

独自性の発見
（ポジショニング）

準備編

1 PART
2 PART
3 PART

実践編

1 STEP
2 STEP
3 STEP
4 STEP
5 STEP

自社の独自性や個性はどこにあるか

　「独自性の発見（ポジショニング）」は商品・サービスの立ち位置を特定するためのステップです。競合との比較を通じて自社独自の価値を見出し、ペルソナ（ターゲット顧客）の心の中で優位な立場を築くことを目指します。ポジショニングの核心は独自性の明確化であり、その手段として「ポジショニングマップ」を活用します。

　ポジショニングマップは以下の6つの切り口から作成します。

1. 機能的価値　2. 情緒的価値　3. 社会的価値
4. 顧客の属性　5. 消費・利用状況　6. 購買・契約状況

　これらの視点から競合とどこで差別化できるかを具体的に見つけ、ペルソナの視点や価値観に合わせてポジショニングを行います。ポジショニングマップは、いわば「ペルソナの心の中の位置付け」です。ペルソナがあなたの商品・サービスを競合と比較した場合に、選んでもらえる独自性のあるポジションを築くにはどのような価値を提供すればいいのかを考えていきます。

　ポジショニングマップを作る際は、連想マップで抽出したキーワードや対立する概念を用い、ペルソナの心の中のどこに位置するかを判断します。反対語を探して対立軸を作るとポジショニングは簡単に行えます。

　ただし、料金が「高い」「安い」という対立軸で判断するにしても、その感覚は年収や経済環境や価値観によって異なるため、基準を検討することが必要です。また、「体にやさしい」の反対語に「お財布にやさしい」といったペルソナの価値観に合ったキーワードを選定することも大切です。

　ポジショニングにおいては自社と競合の位置をマップ上に書き込んで、独自のポジションを見つけることが重要です。ポジショニングを言語化したものが、次章で説明する「ブランド・アイデンティティ」になります。具体的な料金や機能、感情といった要素をうまく融合させて自社の独自性や個性を表現するのがポジショニングの最終目的です。

　ポジショニング、そしてブランド・アイデンティティ作成という、この2つのステップは商品・サービスの提供価値を明確化し、消費者・顧客との関係を強化するのに不可欠です。独自性の確立したポジショニングは強固なブランドの構築につながります。

ポジショニングマップの
キーワードを抽出しよう

▶ 自社独自のポジションをどこにとるか？
その前提となるキーワードを導き出す

準備編

1 PART
2 PART
3 PART

実践編

1 STEP
2 STEP
3 STEP
4 STEP
5 STEP

　まずはポジショニングマップの軸として設定するキーワードを、前章の連想マップで登場したワードやこれまでの取り組みから抽出しましょう。

　【 Ａ-#入力情報 】に連想マップの情報と、消費者・顧客の不満、不安、不快、不信、不備、そして競合の弱みを入力します。これらの情報はポジショニングに独自性を持たせるための手がかりとして利用します。【 Ｂ-#出力形式フォーマット 】にはキーワードが各切り口に正しく振り分けられているかどうか確認するため、振り分けた理由も記載するよう指示します。

4-01　プロンプト例

User

#目的
ペルソナに競合と比較されても自社が優位なポジションに立つために、ペルソナの心の中で独自性を築ける立ち位置を見つけます。

#依頼
{#入力情報##顧客}と{#入力情報##競合の弱み}の情報を参考にペルソナの心の中で重視しているキーワードを {#入力情報##連想マップ}からキーワードとして、名詞もしくは形容詞を抽出してください。
次に、ポジショニングを考えるポイントは{#入力情報##切り口}です。
キーワードとして抽出された単語を{#入力情報##切り口}のそれぞれに振り分けてください。
また、各キーワードに対する振り分け理由を切り口の観点から100文字程度で解説してください。

A # 入力情報
切り口
-*機能的価値　　…製品・サービスがもたらす便益（問題解決）のうち機能的価値に関する独自性
-*情緒的価値　　…製品・サービスがもたらす便益（問題解決）のうち情緒的価値に関する独自性
-*社会的価値　　…製品・サービスが社会課題解決に寄与する独自性
-*顧客の属性　　…顧客ターゲットの属性に関する独自性
-*消費・利用状況…製品・サービスの使い方、利用法に関する独自性
-*購買・契約状況…製品・サービスの買い方、契約方法に関する独自性

顧客
不満　◀── **1-03** 生成文章より引用（P74）
- ds-1: 食品添加物や保存料を使用しているスイーツに不満を感じている。
- ds-2: 高カロリーで健康に悪影響を及ぼすスイーツに不満を感じている。
- ds-3: 一部の顧客層のみをターゲットにしたスイーツ展開に不満を感じている。
- ds-4: 価格が高すぎて日常的に楽しめないスイーツに不満を感じている。
- ds-5: 地域限定や期間限定のスイーツにアクセスできないことに不満を感じている。
不安
- ax-1: 原材料の安全性や品質について不安を感じている。
- ax-2: 過度な糖分や脂肪分の健康への影響について不安を感じている。
- ax-3: アレルギー物質や食品添加物の使用に対する不安を感じている。
- ax-4: 長期間の保存に耐えるスイーツの新鮮さについて不安を感じている。
- ax-5: スイーツの製造過程や品質管理の透明性について不安を感じている。
不快
- up-1: 甘すぎる、または味が濃すぎるスイーツに不快感を抱いている。
- up-2: 包装材の過剰な使用や環境への配慮が不足していることに不快感を抱いている。
- up-3: 購入後のサポートやアフターサービスの不足に不快感を抱いている。
- up-4: 店舗の混雑や購入時の待ち時間の長さに不快感を抱いている。
- up-5: スイーツの種類が少ない、または多すぎることに不快感を抱いている。
不信

- dt-1: 広告やパッケージの誇大表現に対して不信感を抱いている。
- dt-2: 原材料や製造過程の情報の不透明さに不信感を抱いている。
- dt-3: 口コミやレビューの信頼性に対して不信感を抱いている。
- dt-4: 製品の品質や価格の一貫性がないことに不信感を抱いている。
- dt-5: スタッフの対応や知識の不足による不信感を抱いている。

不備

- df-1: 商品の品切れや在庫不足に不備を感じている。
- df-2: オンラインショッピングの利用の難しさや不便さに不備を感じている。
- df-3: 商品の配送時の品質保持の問題に不備を感じている。
- df-4: 店舗のアクセシビリティや利便性の不備を感じている。
- df-5: 顧客サービスやアフターケアの不備を感じている。

連想マップ

-: スイーツ　◀ 3-05 　生成文章より引用（P202）

- 健康志向→オーガニック
  - オーガニック→信頼→安心
  - オーガニック→高品質→価値
- フランス式製法→高級感
  - 高級感→特別な日→幸せ
  - 高級感→自己ご褒美→満足
- おいしさ→家族の笑顔
  - 家族の笑顔→幸せ→成就感
  - 家族の笑顔→感謝→愛
- チーズケーキ→ダイエット
  - ダイエット→罪悪感→ストレス
  - ダイエット→達成→自信
- 代替品→砂糖不使用
  - 砂糖不使用→健康→安全
  - 砂糖不使用→子どもにも→安心
- デザートライン→バリエーション
  - バリエーション→選びがい→楽しみ
  - バリエーション→飽きない→持続
- 口コミ→友人の評価
  - 友人の評価→信用→信頼

- 友人の評価→共有→コミュニケーション
- 価格→コスパ
  - コスパ→経済的→安心
  - コスパ→手が届く→満足
- オンライン購入→便利
  - 便利→時間短縮→効率
  - 便利→ストレスフリー→安心
- グリーンスムージー→習慣
  - 習慣→日常→安定
  - 習慣→継続→健康
-: 特別感
- 特別感 → 限定品
  - 限定品 → 希少性 → 貴重
  - 限定品 → 期間限定 → 独占欲
- 特別感 → 高級感
  - 高級感 → ブランド → 信頼
  - 高級感 → 価格 → 資産
- 特別感 → フランス式製法
  - フランス式製法 → 伝統 → 信頼
  - フランス式製法 → クオリティ → 安心
- 特別感 → ギフト
  - ギフト → 感謝 → 幸せ
  - ギフト → 贈り物 → 期待
- 特別感 → イベント
  - イベント → プロモーション → 興味
  - イベント → 体験 → 非日常
- 特別感 → ご褒美
  - ご褒美 → 自分への投資 → 満足
  - ご褒美 → 努力の成果 → 成就感
- 特別感 → オーガニック
  - オーガニック → 健康 → 安心
  - オーガニック → 環境 → 責任
- 特別感 → カスタマイズ
  - カスタマイズ → 個性 → 自己表現
  - カスタマイズ → 選択 → 楽しみ

- 特別感 → デザイン
  - デザイン → アート → 高揚
  - デザイン → 美学 → 鑑賞
- -: 家族
- 家庭料理→健康
  - 健康→グリーンスムージー→自分磨き
  - 健康→オーガニック→安心
- 家庭料理→娘
  - 娘→保育園→忙しい
  - 娘→成長→幸せ
- 仕事→リモートワーク
  - リモートワーク→自由→効率
  - リモートワーク→家庭→バランス
- 仕事→デザイン
  - デザイン→創造性→充実
  - デザイン→価値→自己実現
- 東京→三鷹市
  - 三鷹市→住みやすい→安心
  - 三鷹市→近隣→コミュニティ
- 東京→都会
  - 都会→情報→アップデート
  - 都会→多忙→ストレス

競合の弱み
直接競合企業の弱み ◀ **1-05** 生成文章より引用（P84）

- dco-1: 高所得者へのアピール不足 - 全国展開している洋菓子店の商品は比較的手頃な価格が多く、厳選した高級素材を使用した製品は少ないため、高所得者には十分な魅力を持っていない可能性があります。
- dco-2: 健康志向への対応不足 - 全国展開している洋菓子店は多くの場合、砂糖やバターなどの高カロリー成分を多用するため、健康志向の人々には魅力が少ない可能性があります。
- dco-3: エコ意識への対応 - 環境に配慮した製品や包装が少ないため、エコ意識の高い人々には魅力が少ない可能性があります。
- dco-4: 限定品・新製品ハンターへのアピール - 全国展開している洋菓子店は伝統的な製品に重点を置いているため、新製品や限定品に興味を持つ

層には十分な魅力を持っていない可能性があります。

- dco-5: ギフトオプションの制限 - 全国展開している洋菓子店の商品は手頃な価格帯が多いため、高級なギフトとしては選ばれにくい可能性があります。

間接競合企業の弱み　◀━ **1-08**　生成文章より引用（P100）

- ico-1: 商品の健康志向が不十分で、カロリーや糖分が控えめな健康的なスイーツの選択肢が少ない。
- ico-2: トレンドに合わせたデザインやフレーバーのチーズケーキが限られている。
- ico-3: エシカルに製造されたスイーツの選択肢が少なく、エコ意識の高い人には不十分。
- ico-4: ギフト用途に適したエレガントなパッケージングが不足している。
- ico-5: 季節ごとの限定フレーバーやデザインが頻繁ではなく、新製品ハンターには物足りない。

....

#出力形式
各切り口に対して、5個キーワードを生成してください。キーワードは、名詞か形容詞か体現止めの短い文章で示してください。
あなたがブランド・マネージャーとして回答していることを示す大切な要素なので、必ず忘れないであなたの名前を表示するようにしてください。
出力はマークダウン形式でお願いします。

....

B ━ #出力形式フォーマット
1. **機能的価値**
　　-*キーワード・・・理由・・・
　　-*キーワード・・・理由・・・
　　-*キーワード・・・理由・・・
　　・・・

2. **情緒的価値**
　　-*キーワード・・・理由・・・
　　-*キーワード・・・理由・・・
　　-*キーワード・・・理由・・・
　　-*キーワード・・・理由・・・
　　・・・

4-01 ChatGPTの生成文章

 うしくん

1. 機能的価値
- 健康志向：製品が健康に配慮していることを示唆。
- オーガニック：体に良い成分を使用することで機能的な価値を提供。
- 代替品：ほかの製品との違いを明確にし、特定のニーズに対応。

2. 情緒的価値
- 高級感：製品を使うことで特別感や高級感を得られる。
- 特別な日：製品が特別な日に使う価値があると感じる。
- おいしさ：感情的に満足する味。
- 特別感：使用時に特別な感情を得られる。

3. 社会的価値
- オーガニック：環境や社会にやさしい製法・素材使用を示唆。
- グリーンスムージー：健康志向の社会的トレンドに乗っている。

4. 顧客の属性
- 特別感：顧客が自分らしい選択をしたいという欲求に答える。
- 口コミ：顧客同士のコミュニケーションや評価を示す。好みや価値観に基づく情報交換を反映。
- 信頼：顧客がブランドや製品に対して持つ信頼感。長期的な関係性や品質への確信を示す。

5. 消費・利用状況
- チーズケーキ：どのような状況で製品を利用するかを示唆。
- オンライン購入：どのように製品を取得するかの選択肢。

6. 購買・契約状況
- 価格：顧客の購買意欲や予算に関連。
- 限定品：期間限定や数量限定での購入を示唆。
- ギフト：製品を他人への贈り物としての選択肢。

考察ポイント

▶選択されたキーワードはブランドの独自性や顧客のニーズを正確に捉えているか？
▶キーワードは消費者・顧客にとって意味のあるものになっているか？
▶ブランドが提供しようとしている価値を適切に反映しているか？

4-01 **生成結果の考察**

　各カテゴリーで選ばれたキーワードがブランドの独自性を捉え、消費者・顧客の様々な価値観に合わせて整理されているのは良い点です。機能的価値の「健康志向」や「オーガニック」は現代の消費者・顧客ニーズを的確に捉えています。情緒的価値では「高級感」や「特別な日」を通じて消費者・顧客の感情に訴えるポイントを示しています。社会的価値では「環境への配慮」を重視していることが伺えます。

　一方、改善点としては、いくつかのキーワードが重複しています。「オーガニック」は複数のカテゴリーで言及されており、独自性の強化が必要です。また、これらのキーワードが実際に消費者・顧客にどのように伝わるか、そして市場でのポジショニングとどのように連動しているかの説明も不足しています。「高級感」や「特別な日」といったキーワードも、更に独自性のある言葉へと深堀りしていく必要があります。

準備編

1 PART
2 PART
3 PART

実践編

1 STEP
2 STEP
3 STEP
4 STEP
5 STEP

キーワードの反対語を生成しよう

▶ 自社に関連するキーワードの反対語も生成することで
ポジショニングマップが作れる

次に先ほど得られたキーワードの反対語を生成します。

ポジショニングマップで反対軸を設定する際のポイントは、キーワードが示す属性や価値と対照的な概念を見つけることです。このステップにはターゲット市場や消費者・顧客のニーズ、期待、価値観を深く理解している必要があります。たとえば「高品質」をキーワードに選んだ場合、反対軸は「低品質」ではなく「コスト効率」や「手頃な価格」のように消費者・顧客が価値を感じる別の次元を表す言葉を選ぶことが重要です。これにより商品・サービスの特性だけでなく、消費者・顧客 がどのような基準で選択を行っているかの理解が深まります。

まず【 **C**－#入力情報 】に先ほど得られたキーワードを入力します。キーワードの捉え方によって反対語は変化するため、【 **D**－#出力形式 】では反対語を3種類生成するよう指示しました。反対語はキーワードとしてほしいので、名詞か形容詞、または体言止めの短い文章とする指示も付けています。

4-02 プロンプト例

 User

#目的
ペルソナに競合と比較されても自社が優位なポジションに立つために、ペルソナの心の中で独自性を築ける立ち位置を見つけます。

#依頼
{#入力情報##キーワード}の反対語となる名詞もしくは形容詞を抽出してください。
反対語は顧客が価値を感じる別の次元を表す言葉を選んでください。

たとえば「高品質」をキーワードに選んだ場合、その反対軸は「低品質」ではなく、「コスト効率」や「手頃な価格」が反対語となります。

C #入力情報

キーワード → 4-01 **生成文章より引用**（P217）

1. 機能的価値
   - 健康志向：製品が健康に配慮していることを示唆。
   - オーガニック：体に良い成分を使用することで機能的な価値を提供。
   - 代替品：ほかの製品との違いを明確にし、特定のニーズに対応。
2. 情緒的価値
   - 高級感：製品を使うことで特別感や高級感を得られる。
   - 特別な日：製品が特別な日に使う価値があると感じる。
   - おいしさ：感情的に満足する味。
   - 特別感：使用時に特別な感情を得られる。
3. 社会的価値
   - オーガニック：環境や社会にやさしい製法・素材使用を示唆。
   - グリーンスムージー：健康志向の社会的トレンドに乗っている。
4. 顧客の属性
   - 特別感：顧客が自分らしい選択をしたいという欲求に答える。
   - 口コミ：顧客同士のコミュニケーションや評価を示す。好みや価値観に基づく情報交換を反映。
   - 信頼：顧客がブランドや製品に対して持つ信頼感。長期的な関係性や品質への確信を示す。
5. 消費・利用状況
   - チーズケーキ：どのような状況で製品を利用するかを示唆。
   - オンライン購入：どのように製品を取得するかの選択肢。
6. 購買・契約状況
   - 価格：顧客の購買意欲や予算に関連。
   - 限定品：期間限定や数量限定での購入を示唆。
   - ギフト：製品を他人への贈り物としての選択肢。

D #出力形式

各キーワードに対して、反対語をそれぞれ3つ生成してください。反対語は、名詞か形容詞か体現止めの短い文章で示してください。

あなたがブランド・マネージャーとして回答していることを示す大切な要

素なので、必ず忘れないであなたの名前を表示するようにしてください。
出力はマークダウン形式でお願いします。

＃出力形式フォーマット
＃＃機能的価値
　-*キーワード：反対語、反対語、反対語
　-*キーワード：反対語、反対語、反対語
　-*キーワード：反対語、反対語、反対語
　・・・

＃＃情緒的価値
　-*キーワード：反対語、反対語、反対語
　-*キーワード：反対語、反対語、反対語
　-*キーワード：反対語、反対語、反対語
　・・・

4-02　ChatGPTの生成文章

 うしくん

了解しました。以下に各キーワードに対する反対語を生成した結果を示します。

機能的価値

- 健康志向：肉食中心、インスタント食品、ジャンクフード
- オーガニック：合成添加物使用、大量生産、工業的製品
- 代替品：伝統的選択、スタンダード製品、市場の主流

情緒的価値

- 高級感：日常的利用、カジュアル、手頃な価格帯
- 特別な日：日々のルーチン、日常的な選択、いつでも利用
- おいしさ：シンプルな味わい、家庭的な味、機能的食品
- 特別感：普遍性、日常的存在、共通的価値

社会的価値

- オーガニック：量産品、標準的加工品、普遍的商品
- グリーンスムージー：一般的飲料、市販のジュース、伝統的飲料

顧客の属性

- 特別感：一般性、平均的な品質、共通性
- 口コミ：個人的見解、内密な情報、独自の意見
- 信頼：検証要、疑義を持つ、実証を必要とする

消費・利用状況

- チーズケーキ：日常の食品、基本食品、頻繁に食べるスナック
- オンライン購入：店舗での直接購入、市場での手に取るショッピング、対面販売

購買・契約状況

- 価格：市場平均価格、手頃なコスト、量販店価格
- 限定品：常時在庫商品、一般商品、マスプロダクト
- ギフト：自分用、個人消費、自己満足

以上が、提供されたキーワードに対する反対語の生成結果です。これらの反対語は、顧客の異なる価値観やニーズを考慮して選ばれています。これらの反対語を利用して市場内での製品のポジショニングを検討することで、独自のブランド・アイデンティティを形成することができます。

4-02 考察ポイント

▶ 反対語は市場内での商品・サービスの立ち位置を明確に区分けし、ターゲット顧客に響くか？

▶ 直接的すぎたり、否定的な反対語になっていないか？

4-02 生成結果の考察

　生成された反対軸はターゲット顧客が抱くであろう様々な視点を適切に反映していて、市場のニーズに即した言葉を選んでいます。たとえば「高級感」に対して「日常的利用」「手頃な価格帯」を選ぶことで、価格帯の広い選択肢を消費者に提供する意図が伺えます。

　一方で反対語が直接的すぎて顧客の微妙な感情を捉えきれていないものがあります。たとえば「健康志向」の反対語に「ジャンクフード」を選ぶのではなく、ペルソナの選択基準を踏まえて違うキーワード（たとえば味の豊かさなど）を設定することで、より具体的なポジショニングが可能になるでしょう。

　これでポジショニングマップを作成するための軸が設定できました。設定したキーワード（とその反対軸）を利用して、下の6つの視点で実際にポジショニングマップを作成してみましょう。ポジショニングマップは下図を参考にしてください。

1. 機能的価値　2. 情緒的価値　3. 社会的価値
4. 顧客の属性　5. 消費・利用状況　6. 購買・契約状況

[チーズケーキのポジショニング例]

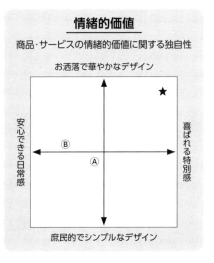

Column **ChatGPT に聞いてみた！**

ポジショニングマップは、自分たちの事業、製品・商品・サービスが市場内でどのような立ち位置にあるか理解し、独自性を築く上で重要です。このコラムでは、ポジショニングマップで考慮すべき要素の一例をご紹介します。

User

独自性を築くポジショニングを考えるためには？

ChatGPT

持続可能性：環境への配慮を重視する消費者・顧客にアピールするポジショニング
利便性：生活の忙しい現代人が求める、使いやすさやアクセスの良さを強調
カスタマイズ：個々の消費者・顧客のニーズに合わせた商品・サービスの提供を前面に出す
コミュニティ：特定の趣味や関心事を共有する人々をつなぐ、共感を生むブランド・イメージ
革新性：最新技術や斬新なデザインを通じて、市場に新風を吹き込むイメージ

ポジショニングマップは競争の激しい市場でブランドを際立たせ、消費者・顧客の心を掴むためには不可欠です。独自のブランド・イメージを構築し、市場内で差別化を図ることを想定してキーワードを選択しましょう。ターゲットの価値観を想像しながら、上記の視点を取り入れてみるのも良いでしょう。

実践編｜STEP 4 まとめ

　ポジショニングマップを作成する際には消費者・顧客が最も重視する基準や属性を軸にして、競合製品と比較することが重要です。それによって市場における自社の立ち位置を視覚的に捉え、改善点や新たな機会が発見できます。適切な市場ポジショニングを通じて、企業は競争優位を確立し、消費者・顧客からの認知度を高めることができるのです。

Few-shot

　プロンプトエンジニアリングの手法の1つに、Few-shotという手法があります。Few-shotとは、ChatGPTが限られた例から学び、その知識を利用して新たなタスクを解決する手法です。ChatGPTはごく少数のサンプルを参考にして、関連するタスクに対する答えを推測します。これにより、大量のデータがなくてもChatGPTが有効に機能するようになります。

Few-shotを用いないプロンプト例

 User

以下のレビューが肯定的か否定的かを判断してください。

レビュー：映像は美しいが、物語が途切れ途切れで理解しにくい。

ChatGPTの生成文章

 ChatGPT

判断：AIの一般的な知識に依存するため、「否定的」とも「肯定的」とも取れる場合がありますが、一般的には「否定的」と見なすかもしれません。

Few-shotを用いたプロンプト例

 User

以下は特定のジャンルの映画レビューの例です。これを基に、新しいレビューが肯定的か否定的かを判断してください。

例1（アート映画）：物語は断片的で抽象的だが、そのビジュアルスタイル

と深遠なテーマが魅力的。→ 肯定的
例2（アート映画）：プロットの意図が不明瞭で、散漫に感じた。→ 否定的

新しいレビュー
レビュー：映像は美しいが、物語が途切れ途切れで理解しにくい。

ChatGPT の生成文章

 ChatGPT

判断：このレビューは否定的です。

　結果を比較すると、Few-shotを用いた場合、ChatGPTは具体的な例から特定のジャンルについての文脈のニュアンスを学び、それを新しいレビューに適用します。例を示さない場合、ChatGPTは一般的なモデルに基づいてレビューを解析するため、微妙なニュアンスを見逃す可能性があります。このため、特定の文化的背景や専門分野においては、例を用いることが有効となるのです。

STEP 5

ブランド・アイデンティティの設定

準備編

PART 1
PART 2
PART 3

実践編

STEP 1
STEP 2
STEP 3
STEP 4
STEP 5

ブランド構築の最終段階へ

　この章では「ブランド・アイデンティティの設定」を行います。

　「ブランド・アイデンティティ」とは自社の独自性を端的な言葉で表現したものです。いわば「私たちはブランドとして、ターゲット（ペルソナ）にどのように想起されたいか」を表す言葉で、「企業や商品・サービスの『旗印』を定めること」です。

　ブランド・アイデンティティを設定する際に重要なポイントは、明確性、独自性、消費者・顧客への訴求力です。ブランド・アイデンティティは企業が市場でどのように認識されたいか、また、そのブランドが消費者・顧客にどのような価値を提供するか示すものです。

　注意すべきは、ブランド・アイデンティティはキャッチコピーと違って奇をてらったものではいけないということです。ブランド・アイデンティティは顧客（ペルソナ）が好意的に受け取り、社員が消費者・顧客に対してどのように振る舞うべきか具体的に示したものでなければなりません。そのため、誰が見てもわかりやすい表現である必要があります。

ブランド・アイデンティティの要素を抽出しよう

▶ 自社の独自性を最も強くアピールできる要素を
ポジショニングマップから選び出す

準備編

1 PART
2 PART
3 PART

実践編

1 STEP
2 STEP
3 STEP
4 STEP
5 STEP

ブランド・アイデンティティの設定は、自社の独自性を最も強く表す要素をポジショニングマップから選び出すことから始まります。競合他社と差別化するため、その選択肢は自社の特色や独自の価値を最大限に引き出せるものを選ぶべきです。

ブランド・アイデンティティに反映すべき要素を抽出するには、以下の4つの質問を使用します。

- 消費者・顧客は誰か？
- 消費者・顧客に何を期待されているのか？
- 競合他社より優れた能力は何か？
- 自分たちが提供したい価値は何か？

これらの質問は自社のブランドが何を追求しているのか、そしてそれが顧客にどのように受け取られるのかを理解するために使用します。

ではブランド・アイデンティティを設定するための4つの質問をChatGPTに入力していきましょう。

【 A-#入力情報 】にP138で絞り込んだ市場機会の仮説と、実践編STEP4のポジショニングマップの中から、最も独自性があり差別化できるものを一つ選び「最も独自性・差別化が表現できる軸」として入力します。また【 B-#出力形式フォーマット 】の質問3において競合他社より優れた自社の能力をアウトプットするため、自社の強みと競合他社の弱みを入力情報に加えています。

User

#目的
ブランド構築のため、ブランド・アイデンティティを設定します。

#依頼
{#入力情報##市場機会}と{#入力情報##最も独自性・差別化できる軸}
を参考に、下記の4つの質問に答えてください。
1. 消費者・顧客は誰か。50文字程度の1文で、「○○な人。」のような文
で示してください。
2. 消費者・顧客に何を期待されているのかを箇条書きで10個示してくだ
さい。
「〜が欲しい」や「〜したい」など期待を表すような文で示してください。
3. {#入力情報##最も独自性・差別化できる軸}を実現するために、{#入
力情報##自社の強み}と{#入力情報##競合の弱み}から、競合他社より
自社が優れている能力は何か、箇条書きで10個示してください。
4. 自分たちが提供したい価値は何か。100文字程度で示してください。

A　#入力情報
##市場機会　◀ **1-13**　生成文章より引用（P135）
フランスで経験を積んだパティシエによる独特なチーズケーキが好評であ
れば、健康志向製品への需要増（po-9）と組み合わせることで、新たな健
康的なフランススタイルのチーズケーキラインを開発するチャンスがあり
ます。
であれば、健康志向の消費者向けに特化した製品ラインを市場に導入し、そ
の健康的な特性を前面に出したマーケティング戦略を展開することで、ブ
ランドの新たな顧客層を開拓できます。（市場機会1）
##最も独自性・差別化できる軸
・オーガニックと健康志向と高級感
##自社の強み　◀ **1-10**　生成文章より引用（P112）
- S-1: フランスで経験を積んだパティシエ
- S-2: 厳選素材と独特の製法が女性に高評価
- S-3: 顧客データの活用
- S-4: おしゃれで見映えのするチーズケーキ

- S-5: 地域社会とのつながり
- S-6: 限定品・新製品ハンターの注目
- S-7: ギフト市場での強み

競合の弱み
直接競合企業の弱み ◀━ 1-05　生成文章より引用（P84）
- dco-1: 高所得者へのアピール不足
- dco-2: 健康志向への対応不足
- dco-3: エコ意識への対応不足
- dco-4: 限定品・新製品ハンターへのアピール不足
- dco-5: ギフトオプションの制限
間接競合企業の弱み ◀━ 1-08　生成文章より引用（P100）
- ico-1: 商品の健康志向が不十分で、カロリーや糖分が控えめな健康的なスイーツの選択肢が少ない。
- ico-2: トレンドに合わせたデザインやフレーバーのチーズケーキが限られている。
- ico-3: エシカルに製造されたスイーツの選択肢が少なく、エコ意識の高い人には不十分。
- ico-4: ギフト用途に適したエレガントなパッケージングが不足している。
- ico-5: 季節ごとの限定フレーバーやデザインが頻繁ではなく、新製品ハンターには物足りない。

出力形式
あなたがブランド・マネージャーとして回答していることを示す大切な要素なので、必ず忘れないであなたの名前を表示するようにしてください。
出力はマークダウン形式でお願いします。

B━ # 出力形式フォーマット
質問１：ペルソナ
・・・
質問２：期待
_*・・・
_*・・・
・・・・・
質問３：能力

```
_*・・・
_*・・・
・・・・
##質問4：意志
・・・
```

5-01 ChatGPT の生成文章

 うしくん

質問1：ペルソナ

健康志向でありながら、クオリティの高いデザートを求める女性。

質問2：期待

- オーガニックな素材を使用したデザートが食べたい
- 健康的な成分のみで作られたチーズケーキを楽しみたい
- 安全性の高いデザートを手に入れたい
- フランス伝統の製法で作られた商品を味わいたい
- おしゃれでSNS映えするデザートを探している
- 限定品や新製品をいち早く試したい
- ギフトとしても喜ばれるデザートを選びたい
- 地域社会と連携した商品を支持したい
- 高品質ながら手頃な価格の商品を求めている
- エコ意識の高い商品を選びたい

質問3：能力

- フランス伝統の製法を活かしたデザートの提供能力
- 厳選したオーガニック素材での商品作成能力
- 顧客の好みやトレンドを活用した商品開発能力
- 見た目にも美しいデザートの提供能力
- 地域社会との連携を活かしたプロモーション能力

- 新製品や限定品を定期的にリリースする能力
- 高所得者層へのアピール力を持った商品の開発能力
- 健康志向の高い顧客へのきめ細かな対応能力
- ギフト市場に適した商品ラインナップの提供能力
- エコ意識を取り入れた商品やパッケージの開発能力

質問4：意志

私たちは、健康志向の女性顧客に向けて、フランス伝統の製法とオーガニックな素材を活かし、おいしさと安全性を両立させたデザートを提供し、彼女たちのライフスタイルに溶け込む価値を創出したいと考えています。

5-01　考察ポイント

▶ 自社がどのようなブランドとして認識されたいか明確に表現されているか？
▶ ターゲット顧客が誰であるか、消費者・顧客が何を期待しているか、自社が競合他社より優れている点、自社が提供したい価値が何であるかを包括的に理解できるか？
▶ ブランドが追求している目標や消費者・顧客の受け取り方に焦点が当たっているか？

5-01　生成結果の考察

　ペルソナの定義が明確で、健康志向かつクオリティの高いデザートを求める女性顧客というターゲットを的確に捉えています。期待に対する回答も具体的で、消費者・顧客の要求やトレンドをよく理解しています。さらに能力に関する回答は、自社の強みと市場機会を生かす方向性を明確に示しています。

ブランド・アイデンティティを
文章化しよう

▶ 「私たちはこう思われたい」というブランド・アイデンテイティを
文章にまとめる

　前項でブランド・アイデンティティに注入すべき要素がわかったので、それを踏まえたうえでブランド・アイデンティティを文章化してみましょう。

　ここでは前項で得た質問の答えとポジショニングマップを基に、「私たちはこう思われたい」という具体的な文章を作成します。それは消費者・顧客の「期待」と自社の「能力」、そして未来に対する「意志」を組み合わせたものであるべきです。

　いったん文章を生成した後、内容を更に精査し、語呂が良く、誰が聞いてもわかりやすい表現へと整えていきます。この段階で完成した文章が企業の本質（経営理念）とつながっているかどうか確認します。

　では実際にブランド・アイデンティティを文章化してみましょう。

　プロンプトに実践編STEP 3で生成した「ペルソナストーリー」と前項で生成した「ブランド・アイデンティティに関する4つの質問」を入力します。【 **C** ─#出力形式 】では出力内容を細かく設定します。

5-02	プロンプト例

User

#目的
ブランド構築のため、ブランド・アイデンティティを設定します。

#依頼
{#入力情報##質問の回答}と{#入力情報##ペルソナのストーリー}を参考に、消費者・顧客に「こう思われたい」という文章を作成してください。

#入力情報

##質問の回答　◀ 5-01 生成文章より引用（P232）

##質問1：ペルソナ

健康志向でありながら、クオリティの高いデザートを求める女性。

##質問2：期待

- オーガニックな素材を使用したデザートが食べたい
- 健康的な成分のみで作られたチーズケーキを楽しみたい
- 安全性の高いデザートを手に入れたい
- フランス伝統の製法で作られた商品を味わいたい
- おしゃれでSNS映えするデザートを探している
- 限定品や新製品をいち早く試したい
- ギフトとしても喜ばれるデザートを選びたい
- 地域社会と連携した商品を支持したい
- 高品質ながら手頃な価格の商品を求めている
- エコ意識の高い商品を選びたい

##質問3：能力

- フランス伝統の製法を活かしたデザートの提供能力
- 厳選したオーガニック素材での商品作成能力
- 顧客の好みやトレンドを活用した商品開発能力
- 見た目にも美しいデザートの提供能力
- 地域社会との連携を活かしたプロモーション能力
- 新製品や限定品を定期的にリリースする能力
- 高所得者層へのアピール力を持った商品の開発能力
- 健康志向の高い顧客へのきめ細かな対応能力
- ギフト市場に適した商品ラインナップの提供能力
- エコ意識を取り入れた商品やパッケージの開発能力

##質問4：意志

私たちは、健康志向の女性顧客に向けて、フランス伝統の製法とオーガニックな素材を活かし、おいしさと安全性を両立させたデザートを提供し、彼女たちのライフスタイルに溶け込む価値を創出したいと考えています。

##ペルソナのストーリー　◀ 3-02 生成文章より引用（P178）

美穂は東京都三鷹市に家族と住む32歳の女性です。彼女はデザイン系の会社で時短リモートワークをしており、家庭と仕事のバランスを大切にし

ています。美穂は健康と家族の福祉を重視し、特に食生活にはオーガニック製品を好んで選びます。

毎週のようにフィットネスクラブに通い、週末は家族と公園で過ごすなどアクティブな生活を送っています。彼女は食品の選択に非常に慎重で、特にデザートに関しては質の高いものを選びたいと考えています。そのため、お菓子やデザートへの月間支出は5,000円から10,000円となっています。

美穂の情報源はインターネットと友人からの口コミです。彼女は特に健康関連のブログやインフルエンサーの投稿に注目し、これらの情報を基に購入判断を行います。友人からの推薦があると、その製品やサービスを試す傾向があります。

最近では、フランスで経験を積んだパティシエによる健康志向のチーズケーキに興味を持ちました。彼女は自然由来の成分と低糖質の製品を好むため、この新しいチーズケーキラインは彼女の健康維持への目的にも合致しています。また、購入する際は原材料の質と品揃えの豊富さを重視しており、高品質で安心できる食品を家族に提供したいと考えています。

C #出力形式

文章には、誰の、どんなニーズを、何で、どのように解決するのか。を含めてください。

箇条書きではなく、ストーリーを書くように文章で作成してください。

文章は600文字以上で作成してください。

あなたがブランド・マネージャーとして回答していることを示す大切な要素なので、必ず忘れないであなたの名前を表示するようにしてください。

出力はマークダウン形式でお願いします。

5-02 ChatGPTの生成文章

 うしくん

都会の喧噪の中、美穂という32歳の女性が、夫と3歳の娘と共に、穏やかな生活を送っています。彼女は毎日の生活において、健康とおいしさを追求しています。一日は早朝のヨガで始まり、家族との時間を大切にしながら、仕事と家事をこなしています。彼女にとって、食は心の栄養でもあり、身体を健康に保つエネルギーの源でもあります。

ある日、美穂は通勤途中のカフェで私たちのブランドの新商品、健康志向のチーズケーキを目にしました。このチーズケーキは、フランスで研鑽を積んだパティシエの手により、厳選されたオーガニック素材とフランス式の製法で作られています。美穂は、その健康的な成分と高いクオリティに惹かれ、夕食のデザートとして購入を決意しました。このチーズケーキは彼女にとっての一日のご褒美となり、夫とともにそのおいしさと健康を実感することができました。

私たちは、美穂のような都市居住の女性たちに、おいしさと健康を両立させた製品を提供することを目指しています。私たちの製品は、フランスの高度な製法と厳選されたオーガニック素材を使用し、おいしさと健康を追求する現代の女性たちのニーズに応えることができます。さらに、私たちのブランドは、Instagramでの話題のデザインや地域社会との連携による信頼性も兼ね備えています。

美穂のような消費者は、安全で高品質な成分が使われた製品や、環境に優しいブランドを求めています。私たちの製品は、これらのニーズに応えるために、高品質な成分と持続可能な製法を取り入れています。私たちのブランドの使命は、人々の生活に新しい価値を提供すること。美穂たちが、私たちの製品を通じて、毎日の生活の中で健康とおいしさを実感できるようにすることが私たちの目標です。

美穂のような女性たちに私たちのブランドの価値を伝え、彼女たちの日常に新しい色を加えることを心から願っています。私たちのブランドは、健康と美味しさを追求する女性たちの心の中で、信頼される存在となることを目指しています。

5-02 考察ポイント

▶期待、能力、意志の3要素が具体的かつ調和のとれた方法で表現されているか?

▶一貫性があり、誰にでも理解しやすい明確な表現になっているか?

▶企業の本質や経営理念とつながっているか?

5-02 生成結果の考察

　ターゲット顧客（ペルソナ）がリアルなシナリオを通じて鮮明に描かれており、消費者・顧客の日常生活とのつながりが感じられます。また、商品・サービスの特徴や価値が具体的に語られており、健康志向の女性顧客への訴求点が明確になっています。

ブランド・アイデンティティを設定しよう

▶ 長い文章を要約し、明快かつコンパクトなフレーズで
顧客への訴求を狙う

準備編

1 PART

2 PART

3 PART

実践編

1 STEP

2 STEP

3 STEP

4 STEP

5 STEP

「私たちはこうありたい」という想いを文章化したブランド・アイデンティティのアウトラインが生成されました。しかし今のままでは文章が長すぎます。ブランド・アイデンティティを完成させるには、前項で生成された文章を要約し、コンパクトなフレーズに仕上げなければなりません。

ブランド・アイデンティティは自社が自分たちの特徴を明確に打ち出し、ブランドの優位性・独自性、そして顧客が受け取る価値を具体的に表現したものです。顧客がブランドに触れる時、彼らはブランド要素から何かしらのイメージを連想します。その連想の体系全体が「ブランド・イメージ」になりますが、ブランド・アイデンティティは企業がどんなブランド・イメージを訴求するかを具体的に表したものです。言い換えれば、ブランド・アイデンティティは企業の成長エンジンにもなり得る重要な要素なのです。

強力なブランド・アイデンティティを確立することは企業が市場で独自の地位を築き、競争優位性を保持するために重要な戦略になります。その価値は計り知れません。

ではブランド・アイデンティティを設定していきましょう。

ブランド・アイデンティティはキャッチコピーとは異なります。その違いを明確にするため、文の最後をカテゴリーで終わるよう【 D−#出力形式 】で指示しました。今回の場合は「〜なチーズケーキ」という形式です。

また、今回のプロンプトには2つの新しい項目があります。

1つめは【 E−#条件 】です。ここで内容に含めたい事柄を明確にしています。

2つめは【 F−#出力例 】です。ブランド・アイデンティティがどのようなものか、ChatGPTに例を示すことで同じような形式で出力させることができます。

User

#目的
ブランド構築のため、ブランド・アイデンティティを設定します。

#依頼
{#入力情報##ブランディングの目的}、{#入力情報##質問の回答}と{#入力情報##ブランド・アイデンティティのストーリー}を参考に、
ブランド・アイデンティティを設定してください。
ブランド・アイデンティティの文字数は、必ず20文字以上、25文字以下で設定してください。
ブランド・アイデンティティは{#条件}が満たされている必要があります。
ブランド・アイデンティティの候補を{#出力例}を参考に6個示してください。
また、ブランド・アイデンティティとした理由と、期待と能力と意志がどのように含まれているかを説明してください。

E—#条件
・ペルソナに求められること(期待)が入っていること
・自社ができること(能力)が入っていること
・やりたいこと(意志)が明確になっていること

#入力情報
##カテゴリ
チーズケーキ
##ブランディングの目的
###市場
チーズケーキの新製品開発ブランディング
###自社の歴史と経営理念
フランスで経験を積んだパティシエが、東京でチーズケーキ専門店を開業。厳選素材と独特の製法で評価され、女性層から支持を受け、現在3店舗展開。企業理念としては「安心な原材料と安全な製法で四方良し(売り手、買い手、世の中、未来)」、「親子三代で語り継がれるスイーツの創造」、「おもてなしの心」を掲げています。

経営の問題点：

チーズケーキ専門店や全国チェーンのケーキ屋の増加、健康志向の高まりから、成長に行き詰まりを感じています。既存の商品に特異性がなく、飽きられるのではないかと懸念しています。

取り組むべき課題：

当社の特長である厳選素材と製法技術を活かし、健康志向と現代のライフスタイルに対応した新商品の開発に取り組む必要があります。これにより、独自性を高め、競合との差別化を図りたいと考えています。

ブランディングの対象：

現在は、原材料にこだわり、おしゃれで見映えのするチーズケーキを販売し支持を集めています。その基本路線は変えずに「健康志向」を切り口とした「新しいチーズケーキ」を開発、投入します。

質問の回答　　　　　**5-02**　生成文章より引用（P236）

ブランド・アイデンティティのストーリー

都会の喧噪の中、美穂という32歳の女性が、夫と3歳の娘と共に、穏やかな生活を送っています。彼女は毎日の生活において、健康とおいしさを追求しています。一日は早朝のヨガで始まり、家族との時間を大切にしながら、仕事と家事をこなしています。彼女にとって、食は心の栄養でもあり、身体を健康に保つエネルギーの源でもあります。

ある日、美穂は通勤途中のカフェで私たちのブランドの新商品、健康志向のチーズケーキを目にしました。このチーズケーキは、フランスで研鑽を積んだパティシエの手により、厳選されたオーガニック素材とフランス式の製法で作られています。美穂は、その健康的な成分と高いクオリティに惹かれ、夕食のデザートとして購入を決意しました。このチーズケーキは彼女にとっての一日のご褒美となり、夫とともにそのおいしさと健康を実感することができました。

私たちは、美穂のような都市居住の女性たちに、おいしさと健康を両立させた製品を提供することを目指しています。私たちの製品は、フランスの高度な製法と厳選されたオーガニック素材を使用し、おいしさと健康を追求する現代の女性たちのニーズに応えることができます。さらに、私たちのブランドは、Instagramでの話題のデザインや地域社会との連携による信頼性も兼ね備えています。

美穂のような消費者は、安全で高品質成分が使われた製品や、環境に優しいブランドを求めています。私たちの製品は、これらのニーズに応える

ために、高品質な成分と持続可能な製法を取り入れています。私たちのブランドの使命は、人々の生活に新しい価値を提供すること。美穂たちが、私たちの製品を通じて、毎日の生活の中で健康とおいしさを実感できるようにすることが私たちの目標です。

美穂のような女性たちに私たちのブランドの価値を伝え、彼女たちの日常に新しい色を加えることを心から願っています。私たちのブランドは、健康とおいしさを追求する女性たちの心の中で、信頼される存在となることを目指しています。

F #出力例

・私の家族を迎えるために、感動のお産ができる病院

・もらう人も喜ばせカラダにも優しいチーズケーキ

D #出力形式

ブランド・アイデンティティの文字数は、必ず20文字以上、25文字以下で設定してください。

ブランド・アイデンティティの文末は、{#入力情報#カテゴリ}で終わるようにしてください。

例：カテゴリがチーズケーキの場合

もらう人も喜ばせカラダにも優しいチーズケーキ

あなたがブランド・マネージャーとして回答していることを示す大切な要素なので、必ず忘れないであなたの名前を表示するようにしてください。

出力はマークダウン形式でお願いします。

#出力形式フォーマット

・ブランド・アイデンティティ1：・・・・

理由：・・・・

期待：・・・・

能力：・・・・

意志：・・・・

・ブランド・アイデンティティ2：・・・・

理由：・・・・

期待：・・・・

能力：・・・・

意志：・・・・

準備編

1 PART

2 PART

3 PART

実践編

1 STEP

2 STEP

3 STEP

4 STEP

5 STEP

5-03　ChatGPTの生成文章

 うしくん

・ブランド・アイデンティティ1：厳選素材で心温まるチーズケーキ

理由：当社は厳選された素材にこだわり、フランス式の製法を用いています。

期待：お客様には心温まる体験を求めていただき、信頼される商品として選んでいただきたい。

能力：フランスでの経験を持ち、厳選素材を用いる製法技術。

意志：心温まる体験を提供し、お客様の期待を超える商品を作り続けること。

・ブランド・アイデンティティ2：健康志向と美味の調和チーズケーキ

理由：現代の健康志向とおいしさを両立させるニーズに応えたい。

期待：お客様が健康的な選択をしながらもおいしさを追求すること。

能力：オーガニック素材の使用とフランス式の製法技術。

意志：健康とおいしさのバランスを追求し、お客様のニーズに応えること。

・ブランド・アイデンティティ3：おしゃれで持続可能なチーズケーキ

理由：現代の消費者は、環境に優しいブランドを求めている。

期待：お客様に、おしゃれで持続可能な選択をしていただくこと。

能力：厳選されたオーガニック素材とフランス式の高度な製法。

意志：持続可能な製法を取り入れて、環境に優しい商品を提供すること。

・ブランド・アイデンティティ4：家族の笑顔を生むチーズケーキ

理由：家族や親子の絆を重視し、三代にわたって語り継がれるスイーツを目指している。

期待：家族全員が喜ぶ味と体験を提供すること。

能力：「おもてなしの心」を持ち、高品質な製品を製造。

意志：家族の絆を深めるためのスイーツを提供すること。

・ブランド・アイデンティティ5：信頼の製法と選ばれたチーズケーキ

理由：信頼と安全性を基本とし、選ばれた素材を使用している。

期待：お客様に安心して当社の製品を楽しんでいただくこと。

能力：安心な原材料と安全な製法での製造。

意志：最高品質の製品を提供し、お客様の信頼を得ること。

・ブランド・アイデンティティ6：毎日のご褒美、特別なチーズケーキ

理由：毎日の生活の中で健康とおいしさを実感できる製品を提供することを目指している。

期待：お客様が当社の製品を毎日のご褒美として選んでいただくこと。

能力：フランス式の製法と厳選素材の使用。

意志：毎日の生活に彩りを加える特別な製品を提供すること。

5-03 考察ポイント

▶ ブランド独自の特徴や強みが明確に表現されているか？

▶ 顧客のニーズや期待に合致し、彼らにとって魅力的であるか？

▶ ブランドのイメージに一貫性があり、企業の全体戦略やビジョンとの整合性はあるか？

5-03 生成結果の考察

　どのブランド・アイデンティティも顧客の期待や自社の能力を反映しており、特定のニーズや市場のトレンドに合わせてアプローチしています。具体的には健康志向やオーガニック素材の使用、家族向け製品など、消費者・顧客の多様な要求に応える試みが見られます。

ブランド・プロミスを設定しよう

▶ ブランド・プロミスによって顧客に与える「約束・保証」を
明確化させる

準備編

1 PART

2 PART

3 PART

実践編

1 STEP

2 STEP

3 STEP

4 STEP

5 STEP

　ブランド・アイデンティティを設定したら、次は「ブランド・プロミス」を作成してみましょう。

　ブランド・プロミスとはブランド・アイデンティティを具現化し、消費者・顧客に対して約束することです。具体的にはそのブランドが保証している品質、機能、価値などが挙げられます。

　ブランド・プロミスを設定することで社内や関係者の行動規範が明確になり、ブランドが消費者・顧客に与える「約束・保証」がはっきりします。例に挙げているチーズケーキでいえば、「安心できる原材料を使用し、ヘルシーなチーズケーキを製造すること」「特別な体験や感動を提供すること」「健康と福祉、持続可能な社会の実現に貢献すること」などです。

　ブランド・プロミスは企業のコンプライアンス（法令遵守、公平性・公正性）とも密接に関係しています。企業が消費者・顧客との約束を破ることはブランド・イメージを失墜させるだけでなく、企業の経営自体を脅かします。

　したがってブランド・プロミスは一度作って終わりではなく、継続的に約束を守っていく必要があります。ブランドとして約束することは実現可能であることが前提で、守れない約束は決してしてはいけません。

　では実際にブランド・プロミスを設定してみましょう。

　【 **G**－#入力情報 】には機能的価値と情緒的価値の定義、ブランド・アイデンティティのストーリー、先ほど生成したブランド・アイデンティティのうちの1つを選択して入力します。【 **H**－出力形式フォーマット 】では機能的価値と情緒的価値の両面で約束を生成するよう指示します。

5-04 プロンプト例

 User

#目的
ブランド・プロミスを設定します。ブランド・プロミスは、ブランド・アイデンティティをより具体化し、顧客に約束します。
社内や関係者の行動規範ともなり、ブランドの提供価値（機能的価値・情緒的価値など）を明確にします。

#依頼
{#入力情報##ブランド・アイデンティティのストーリー}と{#入力情報##ブランド・アイデンティティ}を参考に、機能的価値と情緒的価値を明確にしてください。
機能的価値から捉えた視点と情緒的価値から捉えた視点と顧客とあなたとの約束を示してください。
顧客とあなたとの約束は200文字程度で示してください。

G── #入力情報
##機能的価値
製品・サービスがもたらす便益（問題解決）のうち機能的価値に関する独自性
##情緒的価値
製品・サービスがもたらす便益（問題解決）のうち情緒的価値に関する独自性
##ブランド・アイデンティティ ◀ **5-03** 生成文章より引用（P243）
毎日のご褒美、特別なチーズケーキ **5-02** 生成文章より引用（P236）
##ブランド・アイデンティティのストーリー
都会の喧噪の中、美穂という32歳の女性が、夫と3歳の娘と共に、穏やかな生活を送っています。彼女は毎日の生活において、健康とおいしさを追求しています。一日は早朝のヨガで始まり、家族との時間を大切にしながら、仕事と家事をこなしています。彼女にとって、食は心の栄養でもあり、身体を健康に保つエネルギーの源でもあります。
ある日、美穂は通勤途中のカフェで私たちのブランドの新商品、健康志向のチーズケーキを目にしました。このチーズケーキは、フランスで研鑽を積んだパティシエの手により、厳選されたオーガニック素材とフランス式

の製法で作られています。美穂は、その健康的な成分と高いクオリティに惹かれ、夕食のデザートとして購入を決意しました。このチーズケーキは彼女にとっての一日のご褒美となり、夫とともにそのおいしさと健康を実感することができました。

私たちは、美穂のような都市居住の女性たちに、おいしさと健康を両立させた製品を提供することを目指しています。私たちの製品は、フランスの高度な製法と厳選されたオーガニック素材を使用し、おいしさと健康を追求する現代の女性たちのニーズに応えることができます。さらに、私たちのブランドは、Instagramでの話題のデザインや地域社会との連携による信頼性も兼ね備えています。

美穂のような消費者は、安全で高品質な成分が使われた製品や、環境に優しいブランドを求めています。私たちの製品は、これらのニーズに応えるために、高品質な成分と持続可能な製法を取り入れています。私たちのブランドの使命は、人々の生活に新しい価値を提供すること。美穂たちが、私たちの製品を通じて、毎日の生活の中で健康とおいしさを実感できるようにすることが私たちの目標です。

美穂のような女性たちに私たちのブランドの価値を伝え、彼女たちの日常に新しい色を加えることを心から願っています。私たちのブランドは、健康とおいしさを追求する女性たちの心の中で、信頼される存在となることを目指しています。

#出力例
##機能的価値
-*視点：素材と製法の追求
-*顧客とあなたとの約束：創意工夫されたヘルシーなチーズケーキをアレルギーを持つご家族の方でも一緒に食べられるように、有機素材などの安心できる原材料を使い、安全かつ新しい製法を探求し続けます。

#出力形式
あなたがブランド・マネージャーとして回答していることを示す大切な要素なので、必ず忘れないであなたの名前を表示するようにしてください。出力はマークダウン形式でお願いします。

H#出力形式フォーマット
##機能的価値

-*視点：・・・・
-*顧客とあなたとの約束：・・・・
-*視点：・・・・
-*顧客とあなたとの約束：・・・・
-*視点：・・・・
-*顧客とあなたとの約束：・・・・

##情緒的価値
-*視点：・・・・
-*顧客とあなたとの約束：・・・・
-*視点：・・・・
-*顧客とあなたとの約束：・・・・
-*視点：・・・・
-*顧客とあなたとの約束：・・・・

5-04　ChatGPTの生成文章

 うしくん

ブランド・プロミス設定

機能的価値

- 視点：厳選されたオーガニック素材とフランス式製法
- 顧客とあなたとの約束：私たちは、おいしさと健康を最優先に考え、厳選されたオーガニック素材を使用し、フランスの伝統的な製法で製品を作り続けることをお約束します。

- 視点：健康とおいしさの融合
- 顧客とあなたとの約束：毎日のご褒美として楽しめる特別なチーズケーキを通じて、健康とおいしさを両立させる新しい体験をお届けします。

- 視点：持続可能な製法
- 顧客とあなたとの約束：環境への影響を最小限に抑えながら、持続可能な製法を取り入れ、次世代にも愛される製品を作り続けることを約束します。

情緒的価値

- 視点：日常の中の小さな贅沢と幸せ
- 顧客とあなたとの約束：私たちのチーズケーキが、忙しい日々の中での小さな贅沢と幸せを提供し、美穂さんのようなお客様の心を満たすことを約束します。

- 視点：信頼と安心
- 顧客とあなたとの約束：Instagramでの話題のデザインや地域社会との連携を通じて、信頼と安心をお届けするブランドであり続けることを約束します。

- 視点：新しい価値の提供
- 顧客とあなたとの約束：私たちは、人々の生活に新しい価値を提供し、美穂さんたちが毎日の生活の中で健康とおいしさを実感できるよう努めます。

準備編
PART 1
PART 2
PART 3
実践編
STEP 1
STEP 2
STEP 3
STEP 4
STEP 5

5-04 考察ポイント

▶ブランド・プロミスは現実的で実行可能なものになっているか？
▶ブランド・プロミスは消費者・顧客の期待と一致しているか？
▶ブランド・プロミスは社内外で一貫性を持たせられるものか？
▶ブランドが提供する品質、機能、価値が明確で、消費者・顧客にとっても魅力的かつ理解しやすい形で提示されているか？

5-04 生成結果の考察

　各ブランド・プロミスは機能的価値と情緒的価値の両面をカバーしており、消費者・顧客が大切にしている健康と美味しさ、持続可能性、日常の幸せを反映しています。また、消費者・顧客に対する約束が具体的で、信頼と安心を提供する意志を明確にしています。全体的に企業が消費者・顧客にどのような価値を提供しようとしているかをうまく表現しています。

Column **ChatGPT に聞いてみた！**

ブランド・プロミスを明確化し、統一されたメッセージを消費者・顧客に
伝えていくというコミュニケーションも必要です。そこで一貫性を持って
コミュニケーション戦略を展開している事例をChatGPTに聞きました。

 User

企業がブランド・プロミスをコミュニケーション戦略としてどのように展
開しているか、具体的な事例を挙げて解説してください。特に、ブランド・
プロミスを効果的に伝え、消販者との信頼関係を築くためにどのような手
法が用いられているのか、詳しく教えてほしいです。

 ChatGPT

パナソニックのブランドスローガンは「幸せの、チカラに。」というもので
す。その下には「パナソニックは、変化する世界の中でも、皆さまの幸せ
を生みだす『チカラ』であり続けたい。7つの事業分野のチカラをあわせ、
皆さまとともに、持続可能な幸せをつくりだします。」という言葉が添えら
れています。

このフレーズは企業の核となる価値を伝え、消費者・顧客とどんな関係を
築くかという約束を見事に示しています。ブランド・アイデンティティは
企業がどのように認識されたいかを定義するもので、ブランド・プロミス
はそのアイデンティティを具現化し、消費者・顧客に対する約束として表
現します。

パナソニックの例を出すまでもなく、ブランド・アイデンティティやブラ
ンド・プロミスを明確にすることは市場での競争力を高め、消費者・顧客
からの信頼を得ることにつながるでしょう。

ブランド・パーソナリティを設定しよう

▶ ブランド・アイデンティティを人間に例えることで、
イメージを共有しやすくする

準備編

1 PART

2 PART

3 PART

実践編

1 STEP

2 STEP

3 STEP

4 STEP

5 STEP

　ブランド・プロミスを作成したら、「ブランド・パーソナリティ」の設定もしておくとよいでしょう。

　ブランド・パーソナリティとはブランド・アイデンティティを人間に例えて表現したものです。ブランドが持つ個性や性質を人間的な感情になぞらえることで、関係者間でブランドのイメージを共有しやすくなります。

　そもそも消費者・顧客はブランドを購入したり使用したりする際、自分自身とブランド・イメージを重ねる傾向があります。たとえば「オーガニックで地球に優しい」というブランド・イメージに自分を重ねる消費者・顧客は、「自分は自然派でナチュラリストだから、この商品を買い続けるんだ」という理由で消費活動を行う場合があります。

　ブランドがこのような役割を果たすには、ブランド自身のパーソナリティが差別化できている必要があります。実践編STEP 3のターゲティングの際に活用したペルソナ作成のテクニックを応用して、自社のブランドにとっての望ましい姿＝ブランド・パーソナリティをメンバー間で共有するようにしましょう。

　ではブランド・パーソナリティの設定を行います。

　【 **I** －#入力情報 】にブランド・アイデンティティのストーリーと、ブランド・アイデンティティのうちの1つを入力します。【 **J** －#出力形式フォーマット 】ではペルソナを生成する時と同様の手法を使っています。

5-05 プロンプト例

 User

#目的
ブランド・アイデンティティを人間に例えて表現します。
そのブランドが持つ性格や人間的な感情で、どのようなブランドかを関係
者間で共有しやすくします。

#依頼
{#入力情報##ブランド・アイデンティティのストーリー}と{#入力情報
##ブランド・アイデンティティ}を人間に例えて表現してください。

#入力情報
##ブランド・アイデンティティ ← 5-03 生成文章より引用（P243）
毎日のご褒美、特別なチーズケーキ

5-02 生成文章より引用（P236）

##ブランド・アイデンティティのストーリー → 見直し
都会の喧噪の中、美穂という32歳の女性が、夫と3歳の娘と共に、穏やか
な生活を送っています。彼女は毎日の生活において、健康とおいしさを追
求しています。一日は早朝のヨガで始まり、家族との時間を大切にしなが
ら、仕事と家事をこなしています。彼女にとって、食は心の栄養でもあり、
身体を健康に保つエネルギーの源でもあります。
ある日、美穂は通勤途中のカフェで私たちのブランドの新商品、健康志向
のチーズケーキを目にしました。このチーズケーキは、フランスで研鑽を
積んだパティシエの手により、厳選されたオーガニック素材とフランス式
の製法で作られています。美穂は、その健康的な成分と高いクオリティに
惹かれ、夕食のデザートとして購入を決意しました。このチーズケーキは
彼女にとっての一日のご褒美となり、夫とともにそのおいしさと健康を実
感することができました。
私たちは、美穂のような都市居住の女性たちに、おいしさと健康を両立さ
せた製品を提供することを目指しています。私たちの製品は、フランスの
高度な製法と厳選されたオーガニック素材を使用し、おいしさと健康を追
求する現代の女性たちのニーズに応えることができます。さらに、私たち
のブランドは、Instagramでの話題のデザインや地域社会との連携による
信頼性も兼ね備えています。

美穂のような消費者は、安全で高品質な成分が使われた製品や、環境に優しいブランドを求めています。私たちの製品は、これらのニーズに応えるために、高品質な成分と持続可能な製法を取り入れています。私たちのブランドの使命は、人々の生活に新しい価値を提供すること。美穂たちが、私たちの製品を通じて、毎日の生活の中で健康とおいしさを実感できるようにすることが私たちの目標です。

美穂のような女性たちに私たちのブランドの価値を伝え、彼女たちの日常に新しい色を加えることを心から願っています。私たちのブランドは、健康と美味しさを追求する女性たちの心の中で、信頼される存在となることを目指しています。

#出力形式
あなたがブランド・マネージャーとして回答していることを示す大切な要素なので、必ず忘れないであなたの名前を表示するようにしてください。出力はマークダウン形式でお願いします。

#出力形式フォーマット
名前：
性別：
年齢：
職業：
趣味：
第一印象：
性格：
何を大切にしているか：
何を正しいとおもっているか：
何を求めているか：
今、一番興味があること（マイブームは）

5-05 ChatGPTの生成文章

 うしくん

名前：リサ
性別：女性

年齢：30歳

職業：市場戦略アナリスト

趣味：ヨガ、オーガニック料理、トラベル

第一印象：洗練された、現代的で健康意識が高い

性格：自己意識が強く、自己管理に秀でている。オープンマインドで新しいことに挑戦するのが好き。

何を大切にしているか：健康、環境への配慮、品質

何を正しいと思っているか：持続可能な生活様式、倫理的な消費

何を求めているか：健康と美味しさを兼ね備えた高品質な食生活

今、一番興味があること（マイブームは）：サステナブルな製品とブランドの発見と支援

5-05 考察ポイント

▶ 生成されたパーソナリティはブランドの核となる価値観と一致しているか？

▶ ブランドの持つ性格が消費者・顧客の感情や価値観と共鳴するような形で具体的かつ魅力的に描かれているか？

▶ 単なる抽象的な特徴ではなく、ターゲット顧客がブランドを通じて自分自身を表現したいと思えるような人間らしい個性を持っているか？

▶ パーソナリティは具体的で、他の競合と異なる独自性を持っているか？

5-05 生成結果の考察

　ブランド・パーソナリティは具体的で、ブランドが目指している高い品質と価値観が表現されています。性格はブランドが提供したいサービスの質と姿勢を反映しており、消費者・顧客に対する真摯な態度が感じられます。

実践編｜STEP 5　まとめ

　ブランド・アイデンティティ、ブランド・プロミスの明確化は、一貫したブランドイメージを社内・社外問わず構築するうえで重要なステップです。明確なブランド・アイデンティティの作成は消費者・顧客と強い絆を築き、企業の長期的な戦略を支えます。

Few-shot CoT

　プロンプトエンジニアリングの手法の1つに、Few-shot CoTという手法があります。この手法は、プロンプトエンジニアリング コラム3で紹介した「CoT」とコラム5「Few-shot」を組み合わせた手法で、ChatGPTに少数の例題を与えてから、解析する思考過程を詳細に説明させる手法です。この手法は、ChatGPTが限られた情報から複雑な問題を解く際に、解き方を段階的に示します。これにより、ChatGPTの答えがどのように導かれたかが理解しやすくなります。

Few-shot CoTを用いないプロンプト例

 User

ブランドZが競合他社との比較で劣っているとの消費者の認識が広がっている場合、その認識を変えるための戦略は何ですか？

ChatGPTの生成文章

 ChatGPT

ブランドZは製品の品質向上と積極的なマーケティングキャンペーンを実施することで、消費者の認識を改善することができます。

Few-shot CoTを用いたプロンプト例

 User

以下は、ブランドのイメージ管理に関する問題とその解答例です。これらを参考にして、新しい問題の解答を詳細に説明してください。
例1: ブランドXがソーシャルメディアで不適切な広告キャンペーンを実施

し、消費者からの批判が高まった場合、ブランドの対応策は何ですか？

答えと説明：ブランドＸはすぐに広告を取り下げ、公式に謝罪することが求められます。この行動は信頼を回復し、消費者との関係を再構築するのに役立ちます。

例2：ブランドＹが新製品の品質問題に直面し、市場の信頼を失った場合、どのような戦略を取るべきですか？

答えと説明：ブランドＹは品質問題を認め、製品の回収を実施する必要があります。同時に、品質向上への取り組みを公表し、消費者へのコミュニケーションを強化することが重要です。

新しい問題：ブランドＺが競合他社との比較で劣っているとの消費者の認識が広がっている場合、その認識を変えるための戦略は何ですか？

ChatGPTの生成文章

 ChatGPT

過去の事例に基づいて、ブランド・イメージを改善するためには積極的な対応が必要です。ブランドＺはまず、自社製品の独自性と品質の強調に重点を置いたマーケティングキャンペーンを展開するべきです。さらに、顧客の声に耳を傾け、それを製品改善に活かすことで、消費者の認識を徐々に改善する戦略を取り入れるべきです。このプロセスには、顧客満足度調査の実施や、製品の差別化を図る新たな特徴を打ち出すことが含まれます。

　結果を比較すると、Few-shot CoTを用いた場合、回答は例を参考にしてより詳細で具体的なプロセスとアクションを提示しています。また、ChatGPTの思考プロセスが示されているため、ChatGPTがどのようにしてその結論に至ったかを理解することができます。これは、ChatGPTの判断を透明化し、我々がその推論を確認しやすい状況を作ります。一方、Few-shot CoTを用いない場合の回答は比較的一般的な回答になっており、なぜそのような結論に至ったのかがわかりません。

　これらの違いにより、Few-shot CoTを用いたアプローチは、特に複雑な問題解決が求められる場面でその価値を発揮します。

本書のまとめ

　どうでしたか？　ChatGPTはブランド構築において欠かせない
チームの一員であると理解していただけたのではないでしょうか。

　ChatGPTは大量のデータを処理し、市場動向や消費者行動に関
する的確な洞察をもたらしてくれるだけでなく、クリエイティブな
アイデアや戦略的アドバイスを多面的な視点から提供してくれます。

　また、ChatGPTは対話能力を持っているため、ユーザーが最新
の情報を与えることでリアルタイムの情報を加味した結果を生成で
きます。これにより市場の変化に合わせたブランド構築を行うこと
が可能です。また、多様な視点や角度からプロンプトを与えて得た
結果を検討することで精度を高められるので、1つの答えではなく、
いくつもの仮説を導き出すことができ、よりよい案を具体化するこ
とができます。

　ChatGPTの活用はコスト効率と拡張性の観点からも有益です。人
的リソースに頼らずとも広範囲の情報にアプローチできるというメ
リットは、リソースが限られている中小企業やスタートアップにとっ
て大きな助けとなることでしょう。

　ChatGPTをチームの一員にすることで、ブランド構築は様々な
視点から自社の状況を的確に分析し、市場の変化を捉えたプロセス
となります。それは市場での競争力を高め、新たな道を切り拓く絶
好の好機となるはずです。デジタル化の加速、消費行動の多様化な
ど変化が著しい時代においてブランド構築は非常に大変な作業です
が、ChatGPTという心強いメンバーがいることで高速でトライ＆
エラーを繰り返すことが可能になりました。

　ぜひ今回説明した内容を実践し、その効果をご自身で確かめてみ
てください。

おわりに

　この書籍の執筆にあたり、私たちがここまでの知識を得られたのは多く
の実践者たちの存在があったからに他なりません。彼らはこのブランディ
ングのフレームワークを信じ、熱心に学び、資格を取得し、そして実際に
その知識を現場で生かして実践してくれました。

　彼ら一人一人の努力と献身に深く感謝するとともに、彼らの成功事例が
これからこの道を歩む人々にとっての指針となることを期待しています。

　ブランディングにおいて、ChatGPTを用いることで多くのことが実行
できます。情報収集から始まり、環境分析、市場機会の発見、ペルソナの
設定、ポジショニング、そしてブランド・アイデンティティの策定に至る
まで応用範囲は広大です。

　特にPEST分析やペルソナプロフィールの作成、ポジショニング戦略の
策定など、具体的なタスクにおいてChatGPTは得意とする能力を発揮し、
かけがえのない戦力になります。

　生成AI、特にChatGPTをチームメンバーとして迎え入れることで、私
たちはこれまでにない速度と効率でブランディングプロセスを進めること
が可能になりました。

　ChatGPTは「優秀なチームメンバー」として、時間、労力、費用の削
減はもちろん、創造性の促進にも大きく貢献してくれます。しかし、この
新しいメンバーの実力を最大限発揮させるには、私たち人間の役割が非常
に重要です。明確な指示の下、ChatGPTの出力を適切に評価し、結果に
対して責任を持つこと。これはChatGPTを活用するうえで必要不可欠な
スキルです。

　さて、ブランディングの新たな時代への参加をここに改めて呼びかけます。

　再現可能なブランド設計図を手に入れたあなたは、新しい冒険の門をくぐり抜けようとしています。この創造の旅ではChatGPTという名の特別な仲間があなたのチームに加わります。

　想像してみてください。あなたのチームが深い分析と創造的な発想でブランディングのプロセスをリードし、あなたのビジネスビジョンが形になっていく瞬間を。ChatGPTは単なるデータアナリストやクリエイティブディレクターとしてではなく、あなたのビジネスパートナーとして、時には批評家として、また時にはインスピレーションの源として、あなたと共に歩んでいきます。

　協会の使命は、「ブランディングで日本を元気に」することです。この書籍で紹介した、ChatGPTと描くブランドの設計図により、不透明な時代においてもブランディングによってビジネスに新たな風を吹き込み、成長させていく一助となれば幸いです。

　最後に、この書籍があなたの成功への旅路において信頼できる羅針盤となり、未知の領域への勇気ある一歩を踏み出すための強力な支援となることを願います。生成AIの時代はAIを巧みに操る者が新たな価値を創出し、市場をリードする時代です。そして、消費者・顧客にとって本質的な価値を提供できることが唯一無比の存在理由となる時代です。

　ブランディングへの深い理解とChatGPTという強力なツールを駆使して、顧客から愛され、市場で差別化された「強いブランド」を築き上げましょう。

　あなたの冒険が、今、始まります。

一般財団法人ブランド・マネージャー認定協会
代表理事　岩本 俊幸

[著者]

一般財団法人ブランド・マネージャー認定協会

現場で使用できるブランド戦略の標準化作業を行い、日本で唯一のブランド・マネージャー、ブランド構築のプロフェッショナルを養成する専門機関として2008年9月に発足。これまで、識者や実務者の協力を得て、教育、啓発活動を実施してきた結果、資格取得講座には、延べ4,000名を超える受講者を持ち（2024年4月時点）、ブランディングで成果につなげる多くの実践者を輩出している。

執筆協力者

佐々木 研一
Kenichi Sasaki

- 一般財団法人ブランド・マネージャー認定協会 理事
- 株式会社イノベーションゲート マネージャー
- 早稲田大学 大学院文学研究科 博士課程在籍中
- 日本心理学会員
- 日本テスト学会員
- 産業組織心理学会員

大学院卒業後、SIベンダー企業、コンサルティング会社、広告代理店を経て、人材コンサルティングを行うベンチャー企業にて、人材の採用・育成で利用される心理アセスメントの開発・運用・販売や研修開発、講師を担当。現在は、機械学習・AIによるシステム開発、心理アセスメントの開発・運用に従事。また、早稲田大学において心理統計とAIに関する研究を行っている。一般財団法人ブランド・マネージャー認定協会にて、講座開発のサポートやカリキュラムの編集も行っている。共著書に『人口知能入門-初歩からGPT/画像生成AIまで』（東京図書出版）がある。

執筆協力者

島田 良
Ryo Shimada

- 一般財団法人ブランド・マネージャー認定協会
  理事／グランドマスタートレーナー／カリキュラム編集委員
- 株式会社りんごの木 代表取締役社長
- 米国Gallup社認定ストレングスコーチ
- 長野美術専門学校 ブランドマネージメント講座講師
- 一般社団法人GUGA 生成AIパスポート取得
- 日本マーケティング学会正会員

長野県長野市生まれ。大学卒業後、関東地方の大手美容室チェーンに入社。美容師としてのべ1万人以上のお客様に携わりながら、エリアマネージャー、採用人事、新規事業の立ち上げ、店舗開発などを担当。2011年長野県長野市・須坂市で美容室を複数店舗経営する株式会社りんごの木の代表取締役就任。強みを活かした従業員参画型のブランドづくり「チームブランディング」で、様々な成果を上げる。一般財団法人ブランド・マネージャー認定協会にて多くの講座を開催し、カリキュラムの編集も行っている。講師、コーチとしても、ブランド人材の育成や地方都市におけるブランド戦略の浸透と活用に尽力している。共著書に『社員をホンキにさせるブランド構築法』（同文館出版）がある。

執筆協力者

岩本 俊幸
Toshiyuki Iwamoto

● 一般財団法人ブランド・マネージャー認定協会 代表理事
● 株式会社イズアソシエイツ 代表取締役
● 一般財団法人 日本教育推進財団 理事

1991年、株式会社イズアソシエイツ設立。長年にわたり広告制作、コンサルティングに携わり、これまで培ってきたノウハウ、「型」を多くの方に手渡すべく、広告代理店、通販会社、銀行系コンサルティング会社など各方面で研修講師として活躍。一般財団法人ブランド・マネージャー認定協会の発起人でもあり、また自身が代表取締役を務めるイズアソシエイツは、一般財団法人日本情報経済社会推進協会（JIPDEC）発行のプライバシーマークのロゴデザイン開発など初期のブランド構築を手がけた実績を持つ。著書に『担当になったら知っておきたい「販売促進」実践講座』（日本実業出版社）、『確実に販売につなげる驚きのレスポンス広告作成術』（同文舘出版）、『BtoBマーケティング＆セールス大全』（同文舘出版）、共著書に『ブランド戦略ケースブック2.0』（同文舘出版）、監修書に『儲かる中小企業になるブランディングの教科書』（日本実業出版社）などがある。

編集協力者

徳永 美保
Miho Tokunaga

● 一般財団法人ブランド・マネージャー認定協会
　スタンダードトレーナー／BM協会出版局

愛知県出身。新卒で求人広告会社に入社、その後広告代理店や地元の事業会社での広報・宣伝に従事し、2023年独立。様々なコミュニケーション施策やプロモーション施策、デジタルマーケティング領域での経験を活かし、ブランドの構築からマーケティングの支援を行っている。2022年、ブランディング事例コンテストで『優秀賞』を受賞。現在はBM協会出版局のCS担当を務め、自身の経験を踏まえて実践者の目線で出版を支援している。

ChatGPTと描くブランドの設計図

生成AIをチームメンバーに迎えるブランディングのステップとは？

2024年 7月22日 初版発行

著者	一般財団法人ブランド・マネージャー認定協会
発行人	田中朋博
発行所	株式会社ザメディアジョン
	〒733-0011 広島市西区横川町2-5-15
	TEL 082-503-5035　FAX 082-503-5036
執筆協力	佐々木研一　島田良　岩本俊幸
編集協力	德永美保
構成	山本速
編集	芝紗也加　清水浩司
デザイン・DTP	向井田創
校閲	菊澤昇吾
印刷・製本	株式会社シナノパブリッシングプレス

BM協会出版局
実践者による実践者のための実践書

一般財団法人ブランド・マネージャー認定協会（本書企画・監修）のブランディングや書籍出版のノウハウを活かして、あなたの貴重なビジネスノウハウを商業出版として広く読者にお届けします。

出版会議を定期的に開催しています

出版を希望する方が、その本のテーマや企画をブラッシュアップしていく会議です。ブランディングや編集者の視点、市場のニーズなどあらゆる視点から議論します。本の出版には専門の知識が必要ですが、編集のプロや出版局が編集の視点はもとより、ヒットさせるための観点などを踏まえてアドバイス。またオブザーバーが読者の視点や知見を交えてフィードバックをし、出版までのブラッシュアップをサポートいたします。

https://www.brand-mgr.org/publishing/

問い合わせ

株式会社ザメディアジョン（BM協会出版局内）
TEL:082-503-5035
メール：shuppan-media@mediasion.co.jp

日本で唯一「ブランド・マネージャー」を養成する専門機関
ブランド・マネージャー認定協会

机上の空論では終わらない、実践で使える「型」に落とし込んだ独自のカリキュラムは
ブランド戦略の現場ですぐに役立つ事例を多く盛り込んでいます。

わかる **ベーシックコース**　　**「基礎力」を付ける**
▶ ブランド・マネージャー **2級** 資格取得講座

★ 当協会 **人気 No.1 コース！**
★ 体系的な **基礎知識** がしっかりと身に付く
★ **ブランド構築の「型」が手に入る**

ブランドの知識や、ブランド構築の「型」である8つの
ステップをワークで体感しながら楽しく学べる基礎
コース。
初心者でも経験者でも、ブランドを客観的に捉え組み
立てる力を短期間で養うことができます。
ステップアップコースや、今後のビジネスにおいて
「軸」となる考え方が身に付くコースです。

できる **アドバンスコース**　　**「実践力」を磨く**
▶ ブランド・マネージャー **1級** 資格取得講座

★ **ブランド構築ができる** 力を身に付ける
★ **「ブランド・ステートメント」** が手に入る

資格保有者のみ
活用できる
ワークブック

ベーシックコースの知識を土台に、ブランド構築が
「できる」レベルへと引き上げる実践コース。
再現性の高い当協会独自の「ブランド・ステートメン
ト」の作り方を実践しながら学んでいきます。
実務で直面するリアルな課題をテーマに、8つのステ
ップをぐっと深掘りしながら練り上げ構築の精度
を高めていきます。

　　選べる受講方法　　

対面講座

初めての実践を、ほかの受講者と気軽に意見交
換しながら進めることができます。短期間で集
中的に学ぶことができます。

オンライン講座

経験豊富な講師との1on1で、効果的なフィード
バックを得られます。遠方の方や、仕事や自分の
ペースに合わせて進めたい方に最適です。

講座紹介ムービーや、詳細な講座内容はこちらから！

https://www.brand-mgr.org/

ブランド・マネージャー認定協会　| 検索 |